「AKK 女性シェルター」から「DV防止法」制定へ

1990年代フェミニズム・当事者主体の女性運動記録

波田 あい子　内藤 和美　亀田 温子

かもがわ出版

刊行にあたって

なぜ今、1990年代の「DVシェルター活動」を書き記すのか

私たち三人が本書の作成に取り組んだきっかけは、著者のひとりであり、1990年代から現在までシェルター活動をはじめ、DV被害女性の支援に携わってきた波田あい子の次の言葉であった。「DV防止法の制定・施行後、行政や警察の対応が前進し、民間の支援活動も歴史を積み重ねてきた。しかし、現在のDV被害女性支援に、三〇年前、1990年代の「AKK女性シェルター」などの経験が十分には生かされておらず〈もったいない〉と思う」と。

この発言に呼応し、本書作成の実現に共働したのが、内藤和美と亀田温子である。内藤は日本で初のDV被害実態調査に関わったメンバーであり、亀田は女性の活動や記録を次世代につなぐことを目指していた。

刊行を具体化した三つの資源

1990年代のシェルターの活動の展開について、どのように資料を掘り起こし、新たな情報を加え、

史料に足るものを作るのか—今回、新たに三つの資源を得たことが、本書の作成・刊行を具体化した。

一つ目は、「AKK女性シェルター」の開設を主導した故野本律子さん（1948—2014年）と活動を共にされた波多野律子さんが、大切に保管していた『AKK女性シェルターだより』全号を、認定特定非営利活動法人ウィメンズ アクション ネットワーク（以下、WAN）の「ミニコミ図書館」に寄贈されたことである。亀田がデジタルアーカイブとして収蔵する手続きを取り、デジタル資料として公開され、誰もが利用できるようになった。2020年のことである。

二つ目に、これに呼応して、「AKK女性シェルター」の設立・運営に関わり、「女性への暴力・かけこみシェルター・ネットワーキング」(現NPO法人全国女性シェルターネット)創設、さらに「DV防止法」制定に尽力したひとりである波田が、保管していた当時の活動の記録や資料を整理し、提供したことである。

これらの資料を読むうち、当時、女性に対する暴力を生む社会に抗してシェルターを立ち上げてDV被害女性を支援することにはじまり、シェルターを全国ネットワーク化し、法整備に関与していった女性たちの一連の活動展開は、エンパワーメント・プロセスそのものであることに気づいた。相応の活動記録が存在し、関係者の多くが健在の今、史料を集めて整理し、新たなデータを加えて本書にまとめ、次世代に継承しなければならない。これまでにさまざまなフェミニズムの活動の場を共にしてきた三人で、本書を刊行することを決断した。

三つ目は、2021年、「WAN基金」の活動助成を受け、「AKK女性シェルター」開設時の関係者五名（AKK女性シェルター設立・運営を行った波多野律子さん、納米恵美子さん、三井富美代さんとAK

Ｋシェルター設立の支援をした斎藤学《さとる》医師、北海道でシェルターを設立し全国シェルターネットの設立に関わった近藤恵子さん）にインタビューを行い、新たな情報を得ることができたことである。

こうして収集した当時、及び新たな情報により、詳細な経緯をとらえることができ、本書の刊行へと進んだ。

本書のねらい

日本で、「ＤＶ／ドメスティック・バイオレンス」という言葉／概念が普及したのは１９９０年代である。この言葉／概念は、存在しながら見えなかった家族内の暴力とその構造を社会的に可視化し、顕在化させた。「ＤＶ」という言葉を獲得したことが、女性たちに自分の経験がＤＶ被害だったのだと認識させ、シェルターの創設と運営、シェルターの全国ネットワーク化、ひいては「ＤＶ防止法」の制定につながったことを本書では明らかにする。

本書のねらいは、これらの過程を、ＤＶ被害等、女性の人権侵害・抑圧を生む構造を変革し、公正な社会を追求しようとした日本の第二波フェミニズム運動の典型ととらえ、本書に書き記し、今後のＤＶ被害女性の支援に活かし、次世代に継承することである。

本書の構成

本書は次の四章で構成されている。Ⅰ章では、ＤＶという概念すらなかった中で、女性たち自身が「バタード・ウーマン」であることに気づき、問題解決と自立、ひいてはシェルター開設へと向かった認識の変化、Ⅱ章では、「ＡＫＫ女性シェルター」が緊急一時保護にとどまらず、エンパワーメントを重視して運営された過程、Ⅲ章では、「民間シェルター活動」を全国に広げる運動の展開、そして、ＤＶ被害女性支援現場のニーズを「ＤＶ防止法」の制定に反映させていった動き、Ⅳ章では、この動きをエンパワーメント・プロセスとして読み解き直して、エンパワーメント・シェルターの意義を明確にし、これを書き記す意義を述べた。

本書が、現在、そして今後、ＤＶ女性被害者支援に携わる方々や政策担当者、被害当事者の方、関心を持たれる方の手に取られ、活かされることを願ってやまない。

２０２３年5月

亀田 温子
内藤 和美
波田 あい子

本書の用語について

シェルター　身近な男性による暴力から逃れる女性の避難施設。ＤＶシェルター。公的な施設ではなく、民間の女性たちが女性のために開設、運営をするものをさす。

シェルター活動　前述のシェルターの開設、運営をすると共に、個々の課題を解決し、法律の制定や社会変革を促す活動。

バタード・ウーマン（battered woman）　ＤＶの被害者である女性。

自助グループ（self-help group）　暴力被害女性たちが集まり、共感し合い、援助し合い、自己の成長を目指して行うグループ活動をさす。

＊肩書や所属は当時のものとなっている。

「AKK女性シェルター」から「DV防止法」制定へ
1990年代フェミニズム・当事者主体の女性運動記録

目次

装丁　加門啓子

Ⅰ章 「DV／シェルター」前史

―女性に対する暴力への気づき

亀田 温子
内藤 和美

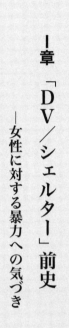

Ⅰ章では、DVという言葉を獲得し、「AKK女性シェルター」開設に至るまでに起きた事がらを「DV／シェルター前史」として注目する。夫からの暴力に遭った当事者である女性たちが中心となり、男性の暴力から逃れる女性のための避難施設であるシェルターを開設したのは1993年4月、そのシェルターの名は「AKK女性シェルター」、当事者である女性たちの手による日本で初めてのシェルターである。女性に対する暴力をDV（ドメスティック・バイオレンス）ととらえ、シェルター開設に至るには、長い時間が必要であった。

彼女たちはどのように出会い、自己をとらえ、シェルターの必要性を感じたのか。自身が「バタード・ウーマン」であったという認識を持つまでの長い時間と意識変容はどのように起きたのか。「AKK女性シェルター」開設のキーパーソンである故野本律子さん（1948―2014年）を中心に、女性たちの心の動きと行動をたどる。

1　「アルコール問題を考える会（AKK）」に参加した女性たち

亀田　温子

見えなくされていたこの「女性への暴力」が日本で顕在化し、DVという言葉が使われるようになったのは1990年代後半に入ってからである。自身が「バタード・ウーマン」であることに気づき、その認識を持つ野本さんたち当事者女性の動きがようやく始まった。

夫の回復のためAKKへ

「女性への暴力」の問題は、アルコール依存症の夫の暴力をどのようになくすかという場面で見え始めた。1980年代後半、野本さんは「アルコール問題を考える会（AKK）」に家族会のメンバーとして参加していた。夫がアルコール依存であり、夫の回復を目指してのことである。同様の立場でこの会に参加した女性も多かった。

「アルコール問題を考える会」は、1986年に創設されたアルコール依存症からの回復を求める家族のための団体である。精神科医の斎藤学《さとる》医師が市民団体として創設した。「アルコール依存症が二二〇万人という中でも（中略）医療関係者、酒害者や家族が一体になった市民の活動はなかった」[1]ためだった。

「アルコール問題を考える会」は、アルコール依存者の家族の相談支援、依存症予防のための地域ネットワーク作りなどの活動を行っていた。1986年2月11日の設立総会と「第一回アルコール問題市民講座」には三〇〇人を超える市民が参加した。そこでは窪田暁子さん（福祉）、斎藤茂男さん（ジャーナリスト）、波田あい子さん（臨床社会学）、主催者である斎藤学さん（精神科医）がシンポジストとして登壇し、本格的に活動がスタートした。

1993年には「アディクション問題を考える会（AKK）」（以下、AKK）に名称を変更し、アルコールに限らずギャンブルなどの嗜癖問題にも取り組み、２０１６年まで約三〇年間、活動は続いた。機関紙『ＡＫＫ会報』一号が１９８６年５月に創刊され、最終号は２０１６年４月の一四三号である。

野本さんは、『ＡＫＫ会報』一号の「私の体験・子の立場から」(2)に、自分自身が嗜癖家族の娘として育ち、自らがなぜあの（元）夫を選んでしまったのか、その理由が見えてきたことを回想している。講座や回復のプログラムを受講していたが、参加はあくまで、夫の回復を支える「妻」としてであった。

そして後に、「ＡＫＫ女性シェルター」開設に関わる波多野律子さんも、夫のアルコール依存の回復のため参加していた。ここには、アルコール依存の夫を支える「妻」役割を務める女性たちが集まっていた。波多野さんは、当時の「ＡＫＫ」に参加する女性たちについて、「細やかにお世話をするという女性たちが場を占めていた。（中略）男性たちが議論をする中でお茶を出したり。でもそれってすごく、当時はごく一般的な集まりのスタイルという感じだった。でも私はそういうのは苦手」（波多野・インタビュー）(3)と言っている。回復を支える妻の役割ではなく、「自分たちの場を作ろう」とする彼女の意識がうかがえる。

ある精神科医の視点

「ＡＫＫ」の運営には、「日本キリスト教矯風会」で禁酒活動をする松本成子さんも参加していた。「１９８４年頃、斎藤医師からアルコールに関わり、誰もが参加できる市民運動を作りたい、と声をかけられた」(4)、後に「ＡＫＫ」の代表も務め、「ＡＫＫ女性シェルター」の運営にも関わった。

「AKK女性シェルター」を開設したメンバーが出会ったもうひとつの場に、1983年に開設された「嗜癖問題臨床研究所付属原宿相談室」（以下、原宿相談室）がある。そこで、アルコール依存症の問題に取り組んでいたのは前述の斎藤医師であった。斎藤医師は久里浜病院（現、独立行政法人国立病院機構久里浜医療センター）アルコール科での治療を通して、アルコール依存者と同時に、その面倒を見続けるパートナーの存在に注目していた。共依存やアルコール依存者のもとで育った子どもであるアダルト・チルドレンについても言及し、1990年代に生きづらさの背後にある家族の闇に警鐘をならした。

「原宿相談室」のプログラムは、アルコール、薬物、ギャンブル、摂食、暴力等への嗜癖・依存の問題を持つ人やその家族に、面接、グループ・セッション、自助グループ・セッションを提供していた。DV被害女性等のグループ「愛しすぎる女たち」も、そうしたグループ・セッションのひとつである。アルコール依存症者の妻たちのグループもできていた。

斎藤医師は、「AKK」設立の当初から、この活動を市民に広げることで、社会構造の問題としてとらえる必要を強調していた。それは、1995年に「AKK女性シェルター」が作成した『暴力の関係に悩むあなたへ―ドメスティック・バイオレンス情報ハンドブック』(5)（67ページ）において、「これは福祉ではなく社会の問題」と強調していることからもわかる。また、1979年にアメリカで出版されたレノア・E・ウォーカーの『バタード・ウーマン』を、日本で1997年に監訳(6)した際、前書きで「ウォーカー博士について」として、シェルターを立ち上げ、回復した女性たちを組織し、市民運動と専門家や行政をつなぎ、裁判官や警察官の教育実施規定の作成、法律の制定に動き、この問題が社会の問題として大きく動いたことを指摘している。

また、斎藤医師は、自助グループ活動について、ＤＶ被害当事者である女性たち自身の視点が、「夫の問題から自分の問題へ」と移動したことを指摘している。そして、「彼女たちはやがて、「ＡＫＫ」とは別に「自らの回復」を合言葉として、女性たちだけのセルフヘルプ・グループを模索するようになった」ととらえ、さらに、「これを私は、日本で自生した「草の根のフェミニズム」の動きと考えている」(7)と述べている。

2　女性が暴力に気づき社会問題化

設立メンバーの出会い

野本さんは「原宿相談室」で当事者カウンセラーとして仕事をしていた。「ＡＫＫ」や「原宿相談室」での活動により、夫の暴力問題を抱える女性たちとの出会いは広がっていった。「ＡＫＫ女性シェルター」設立メンバーとなる女性たちとの出会いは次のようである。

夫のアルコール依存症にからむ暴力の問題を抱えていた納米恵美子さんは、ケースワーカーのすすめで、この「原宿相談室」にクライアントとして通い、斎藤医師やカウンセラーとして仕事をしていた野本さん、波多野さんに出会っている。プログラム後のグループ・セッションで知り会い、共に活動をすることで、「心理的な支えになった。一緒に活動していくことが、私にとっては〈あったかいもの〉に感じた」と言う。「仲間同士でご飯を食べたり、時には旅行に行ったりと、そういうことがとても魅力的で、活動にコミットしてきたわけです」（納米・インタビュー）(8)と、当事者同士の女性たちとの出会いが大きな力になったことを振り返っている。

三井富美代さんは、最初はライターの立場で野本さんを取材した。同い年で家も近いため友だちとなり、野本さんから「ＡＫＫ」の会報作りの手伝いを呼びかけられ、「ＡＫＫ」の活動に参加し始めた（三井・インタビュー）(9)。編集者でもあった三井さんは、斎藤医師が関わる機関誌『アディクションと家族』の編集にも関わり、その後、「ＡＫＫ女性シェルター」の開設・運営も行っている。

「原宿相談室」の自助グループ・セッションで、野本さん、納米さん、波多野さん、三井さんなどが交流を深め、「ＡＫＫ女性シェルター」作りにつながる女性たちのネットワークができつつあった。制度作りに関心を持つ納米さんは、アメリカのシェルター活動などの情報提供、議員へのロビー活動などに取り組んでいた。波多野さんは、セルフヘルプ・グループの活動を継続して行っていた。

１９９１年１２月の「ＡＫＫ」グループ・ミーティングで、野本さんが斎藤医師らと女性シェルターを立ち上げ、運営していけそうだという話を出し具体化する発端となった。その翌年、１９９２年夏に大川温泉で行われたセミナー（以下、大川セミナー）で野本さんら六人のＤＶ被害当事者が集まり、体験を振り返る座談会を行った。その中で初めて「バタード・ウーマン」という言葉が語られた。その座談会のことは、「ＡＫＫ女性シェルター」作りを共に担い、活動を長く支えた波多野さんも記憶している。

「バタード・ウーマン」であることに気づく・「DV」を顕在化

野本さんのような当事者の女性たちが、自分は「バタード・ウーマン」であることに気づき始めた。治療プログラムへ参加し、1990年代のアメリカのシェルター運動やDVの情報を知ることで、野本さんは「自分はアルコール依存者の妻だと思っていたけれど、「バタード・ウーマン」だったんだ」と自己認識が変化したことを記している(10)。前述の大川セミナーで、被害当事者が集まり座談会をした際に、「「バタード・ワイフ」とか「バタード・ウーマン」という言葉が語られて、私たちは自らの手で「バタード・ウーマン」の命名をした記憶があります」と明確に語っている。「妻役割」としてとらえるのではなく、「暴力を受けている女性」として自らをとらえる視座の位置変化が起き、その後の自己変容につながる動きとなった。

このことは、三井さんや波多野さんのインタビューでも述べられている。また、野本さんは夫との離婚後も「原宿相談室」のミーティングに参加し、「自分の生き方が共依存（依存症者に必要とされることに存在価値を見出し、共に依存を保持している人間のあり方）(11)の女性の生き方そのものだとわかった時は、恐怖に似たものを覚えた」(10)と語っている。

このように夫婦間の暴力の問題が、殴られる妻の側から見えてきたのである。見えにくい夫婦間の暴力を見える形で表に出していこうとする次のような動きもあった。

「AKK」の活動に当初から参加していた波田さんは、「飲酒による暴力の問題は、断酒会に通う夫たちからも一言も聞いたことはないんです。（中略）自分が酒を飲み、いろんなことをしたという話は山ほど聞いたけど、「妻を殴りました」という話は一度も聞いたことがない。また、妻の会でも「夫に殴られました」という話は聞いたことがない」と表に現れにくい暴力の隠蔽構造に目を向けていた。その時、「何がこれ（夫の暴力）をここまで隠蔽してきたんだろう」という疑問と同時に「フェミニストとして怒りを覚えた」（波田・インタビュー）(12)と語っている。

その後、波田さんはＤＶ被害当事者である三人の女性へのインタビューを行った(13)。この三人の女性にとって、暴力の状況を他者に話すのは初めてであった。これは、「ＡＫＫ」でアルコール依存症者の治療を行っていた斎藤医師から、「僕のところに最近殴られた女性が来るよ、波田さん話してみない」という言葉がきっかけであったという。インタビューにより女性への暴力を可視化したことで、隠蔽されていた問題について論文を書いたが(13)、「あのペーパーは注目されなかった」そうだ。親密な人からの暴力の存在を明確にして表に出すことの困難がここにはあった。もうひとつの問題として、「男から女に対する日常的な暴力を、社会問題として明確に認識されることが一度も起こっていなかった」（波田・インタビュー）(12)ことを波田さんは指摘している。

夫からの暴力が語られたのは、「ＡＫＫ」とは別に野本さんが呼びかけた「フィーメール・アノニマス（ＦＡ）」の場である。四谷のイグナチオ教会で平日夜に行われ、仕事を持つ女性たちが集まった。波多野さんも熱心に参加した。「女性たちだけの気安さや自分たちで作ったグループでもあり、興奮した」(10)と野本さんは振り返っている。男性も参加し、多様な嗜癖の問題を扱う「ＡＫＫ」ではなく、暴力を受けた女性の当事者が語る場の重要性が明らかになった。また、「原宿相談室」のグループ・ミーティングでも、かなりひどい暴力の問題が出ていた。こうした中から、当時は社会が取り扱わなかった「女性が逃げる場所」であるシェルターの必要性が明確化したのは当然の流れであった。

また当時、福祉の現場では夫の暴力から逃げてきた母子を「逃げ母子」と称していた。こうした状況に対して、「福祉によって保護されるのはいやだ、弱者だから保護してあげるみたいなのはいやだ」(納米・インタビュー)(8)との思いを納米さんは述べている。女性たちが求めるのは、「売春防止法」に基づいて作られた「婦人相談所」や既存の「避難所」ではなく、当事者自身が個人として尊重される場であった。親密な中で起こる女性への暴力は「見えない問題」であったが、DV被害当事者の女性たちが自己を「バタード・ウーマン」と認識し、シェルターという空間・生活の場でエンパワーメントされ、そこからの自立を図る活動をスタートさせる。暴力にさらされる女性たちの状況が「DV」の言葉により社会問題として明確に位置付けられたのは画期的である。

◆コラム◆

波多野律子さんに聞く「シェルター活動を長く共にした野本律子さんのこと」

◆最初に出会ったときの印象は?

1992年夏の大川温泉での研修で、野本さんから「名前が同じ律子、会えてよかった」と声をかけられました。シャキッとした感じは宝塚の女優のよう。出会いを大切にし、人の心をつかみ、自ら提案したことを実現する強い人でした。

◆その後の交流は?

野本さん自身が主催していた、被害者女性との交流の場であるFA(フェミニスト・アノニマス)での対話を大切にしていました。私もそこで語ることが大きな力になっていたのです。このFAでの、暴力を受けた当事者である女性が相互に話す活動体験が、後にシェルターを立ち上げることにつながったと思います。

野本律子さん「故野本律子さんを偲ぶ会」(2015年4月)表紙より

◆AKK女性シェルター後の活動は?

シェルターを出た後、社会につながるためのステップハウスの必要性を野本さんは感じていました。その構想を実現するため、ソーシャルワーカーをしていた松本和子さんと新たにSaya-Saya(70ページ)を作り、活動を続けました。DV相談をはじめ、東京、千葉などにステップハウスを数カ所作っています。

◆基本的な考え方・被害者を支援者に

ＡＫＫ女性シェルターでもそうですが、野本さんが大切にしていたのは、暴力を受けた当事者は状況がよくわかり細かい支援ができるから、被害者を支援者にしていくことが重要ということ。被害者をＤＶ相談を支えていく支援者にしていくことを基本的な考え方としていたと思います。シェルターやステップハウスの質を高めて、日本のＤＶ支援のスタンダードはこれだ、というものを作りたいとも言っていました。

◆ＷＥＲＣの構想と設立は？

さらにＤＶ支援に関わる女性のリソースセンターとして、ＷＥＲＣ（Women's Empowerment Resource Center）を作る構想を持ち、東京のさまざまな団体・グループを結び、２００７年頃から動き始めていました。一般社団法人ＷＥＲＣとしてスタートしたのは２０１３年で、現在も、女性、子どもに対するＤＶ被害、暴力被害の支援を行う組織として活動しています。野本さんは、ＡＫＫ女性シェルター作りに始まり、専門性を高め、被害者を支援者にする構想を持ち、まさにそれを実現し続けた人です。

◆目指していたことは?

2007年にがんが見つかりましたが、活動や講演は続けていました。闘病生活を支えたのは、共に活動している仲間たちでした。2014年の10月頃、生前葬として三五〇人ほどの人たちが集まり、野本さん自身が希望して講演会を行いました。亡くなったのは、その年の12月27日。病気が回復したら、日本各地に行き、Saya-Sayaで行ってきたDV支援の方法を伝えたいと言っていました。野本さんが残したことに魂を入れて進めていくのが、私の思いです。

2021年10月

(インタビュアー・亀田 温子)

3 シェルター設立を目指して

当事者参画の重要性

野本さんはシェルターの必要性を当初から感じていた。膨大なエネルギーを必要とするのでためらいがあったが、身近な女性たちが家を飛び出したのを見て、とにかくシェルターを作ることを決意した。

納米さんは、野本さんや三井さんから「シェルターを作ろうという話があるんだけど、一緒にやらない」と声をかけられ、「一緒にやりましょう」と共に取り組んだ経緯を述べている。野本さんは、このように「AKK」や「原宿相談室」での活動の中で、回復や変容に関わる当事者同士の力の大きさを体験的にとらえていた。

「AKK女性シェルター」の特徴について波多野さんは、「呼びかけた野本さん自身が（アルコール依存の夫からの暴力の）被害者だったこと、それに応えた女性たちも当事者だったこと。それがなんといっても一番の特色。自分がサバイバーなんだけど、そこから学んで日本のDV被害者支援の道を作ってきた人だったから」（波多野・インタビュー）(3)と語り、納米さんも「当事者というのが大事なんだという考え方がある」「当事者が主体になっていくというところは、フェミニズムと通底するところだった」（納米・インタビュー）(8)と、当事者参画の重要性を述べている。

シェルター設立の呼びかけと募金活動

『AKK会報1992年9月号』に野本さんの「AKKシェルター設立にご協力を」の文章が掲載されている。そして、1993年4月に「AKK」が主催した市民講座では、次のように語り、募金を呼びかけている。

「ＡＫＫは今、バタード・ワイフ、バタード・ウーマンのためのシェルターの開設を進めています」

「九年前、私もひとりのバタード・ワイフとして原宿相談室を訪れました。夫の暴力に脅えながら、夫をすてて家をでることに罪悪感を持ち、子どもを私たちの関係に巻き込みながら、それ以外の生活を知らずに生きていました。あのころの私が必要としていたのが安全なシェルターです」

「私はかつての私が必要としていたものを作らねばと思います」


その後、読売新聞が1993年1月18日(夕刊)に「暴力夫からの自立手助け」「妻のシェルター作り」の記事(次ページ)を、同年10月18日に朝日新聞が「夫の暴力から逃れる妻たち―現代の駆け込み寺「シェルター」軌道に」の記事を掲載した。こうして、「AKK女性シェルター」作りの活動がメディアに取り上げられることで、ようやく関心が広がり、寄付も集まり始めた。

準備期間を経て、1993年4月「AKK」の女性会員一一名が委員会を作り、「AKK女性シェルター」が誕生した。代表となった野本さんは、アルコール依存者の配偶者など、女性のための避難所を作ることが「AKK」参加以来の念願であったとしている。

「AKK」で野本さんと共に活動する波多野さんは、「AKK」の活動から独立して女性たちが動いた

“暴力夫”からの自立手助け

「妻のシェルター」作り

ボランティア団体 募金をもとに都内に一部屋確保

夫による暴力から逃れられずにいるバタード・ワイフ（被虐待妻）の自立を手助けしようと、東京・世田谷区の民間ボランティア団体「アルコール問題を考える会」（AKK、松本成子代表）は、シェルター（避難場所）作りに取り組み始めた。同じような体験を乗り越えてきたメンバーは、「混乱の中にいる妻たちに安全と安心感を与え、自ら行動できる力を取り戻してほしい」と張り切っている。

AKKはアルコールなどの依存症や過食・拒食症といった問題に関する相談事業や自助グループの支援を行っている。バタード・ワイフは、米映画「愛が壊れる時」でジュリア・ロバーツが演じたのもその一例。日本では「家庭内の問題」として片付けられてきた。

AKK副代表の野本律子さん(四四)も、アルコール依存症の前夫から暴力を受けるバタード・ワイフだった。

夫は嫌なことがあると飲んでは物を壊したりする。公務員の野本さんが生計を担った。次第に暴れることが増え、三か月に一度は近くに住む夫の姉の家に避難する事態に。

だが、現在十九歳になる長女が小学四年生の春休み、ささいなことで夫は大暴れ。野本さんは長女を連れてまた義姉の家へ。

二週間後に戻ったが、「家事の苦手な私にあてつけるかのように、亭主は夜中に掃除を始めたり、包丁をといだり。娘は『お父さんのいびきが聞こえるから、やっと眠れるよ』と言うほどでした」。

結局、間もなく長女と家を出た。都の精神保健センターに相談し、夫がアルコール依存症であることを知った。

同じ立場の妻たちとの話し合いを通じて、夫はだれかに依存せずにはいられないことを、自分も夫の面倒をみることにしか存在意義を見いだせないことに気づいた。初めて「離婚」を意識した。

この間も、夫は別居先にやってきては暴れた。週末になると長女を連れて友人宅を泊まり歩く。家を出てから離婚するまで七年かかった。

AKKのメンバーには、飼い犬に火をつけたり、ピアノを粉々に砕いてしまう夫とようやく別れた人もいる。親の反対を押し切って結婚したため、自分の親類には頼れず、二十四時間営業の店や庭で過ごすしかない人も多い。

野本さんは、「私は仕事があるから、まだ恵まれていた。妻たちはみんな行き場がなくて困っている」と話す。仕事もない女性は家を借りるのも困難だ。

「シェルターがあれば、安心して、私たちのように離婚してもちゃんとやっていけるという具体的なモデルを見て、自ら行動する手助けができるはず」と野本さん。暴力からの緊急避難の場でなく、自立意識のある人を対象に、職探しなどを進めるために三か月程度受け入れ、家賃は本人の状況に応じて決める予定だ。

シェルター運営のために昨年十一月から募金を開始、現在、約六十万円集まった。すでに都内に一部屋確保したが、資金はまだ足りない。募金と並行して、六、七人のバタード・ワイフの体験談を本にまとめ、収益を充てる計画もある。

問い合わせはAKK事務所へ。

1993 年 1 月 18 日「読売新聞」夕刊
“ 夫による暴力 ”“ シェルター ” がメディアに取り上げられる

ことについて、「「AKK」の集まりでは加害者となる男性もいる中でシェルターの情報は出せない。女性だけで集まり独立しようとまとまった」「男の人におもねらないで、女性が主導権を握って自分たち女性のためになることやろうというのが運営委員の思いだった」（波多野・インタビュー）(3)と、当時の思いを振り返る。

「AKK女性シェルター」開設に向けた活動報告は、ひとつは1994年に刊行された機関誌『AKKシェルターだより』に記載され、関係者に配布された。同時に『AKK会報』でも「AKKシェルター通信」のコーナーが設けられ、『AKK会報』四四号（1994年2月）には「女性シェルター後援会のお願い」が、『AKK会報』四六号（1994年6月）には家庭内の虐待が社会問題として取り上げられた。さらに『AKK会報』四九号（1994年12月）には、「ドメスティック・バイオレンス―アメリカの支援システムに学ぶ」として、野本さん、三井さん、波田さんが報告している。ここで、DVの言葉が使われ始めた。

斎藤医師の支援

斎藤医師は、「AKK女性シェルター」開設に当たって、資金援助や場所の確保といった支援を行っている。今回のインタビューで、「さらに「バタード・ウーマン」である女性たちをいわゆる『家族』から逃す、そして、シェルターに入れる。それだけじゃだめで、そこから自分の時間を自由に使いこなせるようにしていく。私にとってはそれが治療なんです」と語っている（斎藤・インタビュー）(14)。

また、斎藤医師はアラノン（Alcoholics Anonymous Family Group アルコール依存症者の家族会）に関わっていたことがあった。「アラノンの人たちは、『家族である自分たちこそが病気である』『アル中の夫を世話しているつもりで、アル中を育てている』と考えました。これが共依存（co-dependence）というものです」（斎藤・インタビュー）(14)と語った。

１９８６年に出版されたメロディ・ビーティの著作『Co-dependency No More』邦訳『共依存症』（講談社、１９９９年）(11)には、被害を受けている女性の側が変わる必要があるという「共依存からの解放」が示されている。納米さんは「なかなか受け入れられなかった。（中略）あなたがいけないではなく、あなたが変われば良くなるかもしれない、と言われていることにしようと思った」（納米・インタビュー）(8)と振り返っている。

斎藤医師は自助グループについて、「精神医療とかセラピストがいらなくなる世の中が私の理想です。（中略）自助グループのようなところには権威はいちゃいけない」「自助グループが育って流れができると私は姿を消すんです」「シェルターができた後、私は意図的に皆さんから抜けたんです。男だから、女性たちでやればよい。そこからが皆さんのいういわゆるシェルター運動なんです」（斎藤・インタビュー）(14)ととらえている。

アメリカツアーの体験から学ぶ

「ＡＫＫ女性シェルター」が誕生する前後の時期に、「日本嗜癖行動学会」が、１９９１

年からアメリカのアルコール医療に学ぶカリフォルニア研修を実施している。野本さんは1991、1992、1994年に参加している。その後、斎藤医師、西尾和美さん（セラピスト）らの企画となり、1995年には「第5回サンフランシスコ・ワークショップ」を実施している。お知らせには、次のように記されている。

第5回　サンフランシスコ・ワークショップ（1995年）
企画　斎藤学、西尾和美、Katsuyuki Sakamoto
協力　CSPP-Alameda
運営　ヘルスワーク協会
第5回ワークショップは1995年8月5日からCSPPとの連携のもとに下記の日程で行いますので、お知らせします。
テーマ　共依存と家庭内暴力
期日　1995年8月5日〜16日
Aコース（西尾和美のリトリートプログラム）
Bコース（アラメダ・ワークショップ）

研修の内容は、セラピストの西尾さんによる集団心理療法であるリトリート・ワークショップ、治療に関する講義に加え、シェルターや裁判所などの施設見学が実施されていた。これには、野本さん、納米さん、波多野さん、後に「ＡＫＫ女性シェルター」の運営を共に行う米山奈奈子さんなどが参加している。

１９９４、１９９５年に、この研修に参加した納米さんは、印象深いこととして法廷見学を挙げて次のように書いている(15)。「見学の日はドメスティック・バイオレンス法廷の開廷日に当たり、書類の確認などがあり、必要な場合は保護命令が出されていく。日本のように保護命令制度がなく、被害者は加害者から逃れるしかない状況とは全く異なる。どのようにしてこのようなＤＶに関する法制度の整備が進むのか」と問うている。

また、野本さんは、アメリカでの施設見学で得たものを日本の「ＡＫＫ女性シェルター」のプログラムに応用したいとし、ＤＶ被害女性へのプログラム、さらに子どもたちへのプログラム、加害男性への治療プログラムも整備されていることに注目している。

このように、アメリカツアーは参加メンバーにとって、日本で行う「ＡＫＫ女性シェルター」のモデルとなる実態をつかむ体験的な学習機会となった。シェルター作り、多様なプログラムの提供、さらに法律作り、保護命令の法制化やその改正、法的対応の強化など、課題が示されている。

当事者たちにとって重要な学習機会となったアメリカツアーは、ＤＶを社会問題としてどのように解決していくか、アメリカでの動きの全体について、今日でいう「社会デザイン」を学ぶ体験となり、日本におけるその後の法整備の動きにもつながっていることは確かである。

4　1990年代DVの可視化に向けた社会の動き

1970年代「離婚問題」として提起される

1970年代、日本にもようやく男女平等に関わる世界の情報が入ってきたのがこの頃である。1975年に国連「第一回世界女性会議」が開催され、「国際婦人年」と宣言した。日本でも「国際婦人年をきっかけとして行動を起こす女たちの会」（以下、「行動する会」）が1975年に結成されるなど、女性たちが大きく動き出した。「行動する会」の「離婚問題分科会」（俵萌子さんら）の動きは早く、夫から暴力を受けた女性のための「駆け込み寺」を作ってほしいというメンバーからの声を集め、要望をまとめた。東京都民生局に、「駆け込み寺」と「暴力相談一一〇番」の創設要望の交渉を1975年5月に行っている(16)。

東京都は、1977年4月に公営としては初めての「東京都婦人相談センター」を創設した。一時保護ということになり、二年間で利用者は一万六千人を超えた。東京都民以外は利用できず、民間ボランティアが相談などに関わることは拒否された。当時の状況を「センターは私たちの手の届かぬところにいってしまった」と俵さんは記している(17)。

この「行動する会」「離婚問題分科会」は1980年5月に解散となり、運動を全国に広げることはできなかった。公立の相談センターは開設したものの、後述のように、女性の主体形成につながる「エンパワーメント」の重要性は想定されていなかった。

1990年代民間シェルターの状況

DVという言葉がまだ社会で使われていない1990年代前半であったが、1993年に「AKK女性シェルター」が開設される以前には次の六つの民間シェルターが動き始めていた。

①ミカエラ寮（1985年9月、社会福祉法人礼拝会）主に日本人女性を対象、スタッフ一二人
②日本キリスト教婦人矯風会女性の家HELP（1986年4月、日本キリスト教婦人矯風会）主に外国人女性を対象、スタッフ六、七人
③みずら（1990年5月、かながわ女のスペースみずら）外国人女性対象、スタッフ五人
④ダルク女性のハウス（1990年12月、ダルク女性ハウス運営委員会）日本人女性が対象、スタッフ五人
⑤フレンドシップアジアハウスこすもす（1991年、社会福祉法人一粒会）主にアジアの女性が対象、スタッフ三人
⑥女性の家サーラー（1991年5月、サーラーの会）外国人女性が対象、スタッフ三名

「相談業務を開始した民間女性グループが、駆け込んできたDV被害女性をかくまったことから始まった」(18)ととらえられているように、日本人女性だけが対象ではなく、外国人女性を対象とするシェルターもある。これは当時、日本人男性のアジアへの買春問題など、性暴力や買春に対するフェミニストたちの運動と関わっている。

この頃、後述するように、日本でも1992年、初の女性に対する暴力実態把握調査(『夫〈恋人〉からの暴力』(ドメスティック・バイオレンス)についての調査」)が行われた。1993年12月に国連で採択された「女性に対する暴力の撤廃に関する宣言」や、1995年の北京における「第四回世界女性会議」では女性への暴力を根絶する取組が明確化し、具体的な施策が実行されるようになった。また、各地域の女性グループが動き始め、その後、シェルターが開設されている。

日本で女性への暴力が顕在化し、DVの言葉が使われるようになったのは1990年代後半に入ってからである。1993年に設立した「AKK女性シェルター」は、DV被害の当事者が中心となって開設された点で、①から⑥のシェルターとは異なっているが、その後、次のようなシェルターが開設している。

⑦AKK女性シェルター(1993年、東京)
⑧女のスペース・にいがた(1994年、新潟)
⑨かけこみ女性センターあいち(1996年、愛知)
⑩ウィメンズハウスとちぎ(1996年、栃木)

⑪スペース・えんじょ（１９９６年、大阪）
⑫女のスペース・おん（１９９７年、北海道）
⑬ＦＴＣシェルター（１９９７年、東京）

こうしてシェルターは徐々に各地に増えていき、それらは後の全国のネットワーク化の展開につながるのである。

シェルターには、これまで述べた民間シェルターと、都道府県設置の女性相談支援センター付設の一時保護所である公営シェルターがある。公営シェルターへの入所は措置であるが、民間シェルターへの入所は、本人の意思によるものである。本人の意思による入所は、人権尊重の点できわめて重要であることを意味している。また、運営を福祉行政に縛られず民間で行うことは、シェルターが女性を基本的人権のもとにエンパワーメントする機能を持ち、社会に送り出すシステムとしてもきわめて重要である。

国内初のＤＶ実態調査

内藤　和美

日本で初めて行われたＤＶの実態調査は、１９９２年に行われた「「夫（恋人）からの暴力」調査研究会」（以下、ＤＶ研究会）による『夫（恋人）からの暴力』（ドメスティック・バイオレンス）についての調査」（以下、ＤＶ実態調査）である。１９９０年代、「女性に対する暴力の撤廃に関する宣言」（１９９３年）が結実したように、国際的には「女性に対する暴力」（Violence against Women）が優先度の高い重大課題と認識されるようになっていた。

一方、国連の女子差別撤廃委員会の日本の委員においてさえ、「日本では、女性に対する暴力という問題がそれほど大きな社会問題になっていない」ので、「女性に対する暴力があまりにも横行しているらしい国の人々の議論を聞いていて」「ピンと来ない想いが胸にくすぶっていた」と記しているように[19]、日本では社会問題として顕在化していなかった。

そうした中、国際的な取組の気運の高まりと、日本における売買春（戦前から）、レイプなどの性暴力、ポルノグラフィ、セクシュアル・ハラスメント等（１９８０年代から）を問題化してきた日本の女性解放運動の流れを背景に、このＤＶ実態調査が発意された。調査を実施したＤＶ研究会のメンバーは、弁護士、研究者、婦人相談員、アクティビストの計八名である。調査の目的は、「女性たちが①夫や恋人から受けている暴力の実態や、暴力が女性の心身や生活に及ぼす影響、②暴力をどのように受け止めているのか、③どのような社会的対応や援助を必要としているのかを明らかにし」、それを通じて、「人権侵害問題としてのドメスティック・バイオレンスを社会的に顕在化させ」、ひいては、「総合的で効果的な社会的対応のあり方を提言して」である。併せて、調査自体が「沈黙を強いられてきた女性たちが声を上げる場・きっかけとなること」が目指された[20]。調査方法は調査票調査で、新聞紙上での呼びかけや関係機関・団体を通じて、全国に調査票四、六七五票を配布し、七九六票の有効回答が寄せられた。無作為抽出による量的調査ではなく、被害と被害者に関する詳細な質的調査であった。

調査では、日常生活の中の細かいことが引き金となって、しばしば日常的にふるわれる凄まじい身体暴力、不本意あるいは屈辱的な性関係の強要や避妊非協力等の性的暴力、お金の収奪／借金返済の押し付け等の経済的暴力、言葉の暴力、社会的隔離や監視、子どもを〈手段〉とする暴力等と女性の心身・生活へのその重大な影響のさまが、つまびらかにされた。女性たちは夫等男性の暴力を「服従の強要」や「所有物扱い」と受け止めていた。本調査の結果と分析・考察、対応の手立て構築への提言は、図書にまとめられ、社会に発信された(20)(21)。

国連「第四回世界女性会議」（北京会議）での女性への暴力への注目

１９９５年、国連「第四回世界女性会議」（以下、北京会議）では、「女性に対する暴力」が大きなテーマとなった。「北京会議」では、世界のジェンダー平等政策のガイドラインである「北京宣言」と、女性と貧困、教育、健康、暴力、武力紛争、経済、意思決定、地位向上、人権、メディア、環境、女児の一二分野に目標を掲げた「北京行動綱領」が採択され、以後、五年ごとに、「北京宣言及び北京行動綱領」の総合的なフォローアップが行われている(22)。

「北京会議」では、政府間会議に併せ、北京行動綱領の作成過程にＮＧＯの声を反映し、女性運動を強化し、ネットワークを構築することを目的に「ＮＧＯフォーラム」（NGO Forum on Women Beijing'95）が開催された。「ＮＧＯフォーラム」では、五千以上のワークショップが行われ、日本からの約四千人を含む約三万五千人が世界中から参加した(22)。「ＤＶ研究会」は「ＮＧＯフォーラム」でワークショップを持ち、日本におけるＤＶの実態を報告し、各国からの参加者と意見を交わした[21]。

女性に対する暴力（Violence against Women）は、政府間会議においても「ＮＧＯフォーラム」においても重点課題のひとつとなり、それを反映した「北京宣言」と「北京行動綱領」の採択は、日本政府にとってもＮＧＯ・市民にとっても、女性に対する暴力への取組を進展させる大きな転機となった[23]。

「ＡＫＫ女性シェルター」と同時期にＤＶ被害女性への相談と保護・支援の取組を始め、以後、後述の「女性への暴力・かけこみシェルター・ネットワーキング」の設立と活動を密に共にすることになる近藤恵子さんも、「「ＮＧＯフォーラム」で「北海道の女性の人権実態調査」の報告を行い、シェルター・ムーブメントに関わる他国の女性たちと出会い、その後、交流が発展する中で活動が大きく展開した経験が、シェルターひいては女性に対する暴力根絶の活動にとってネットワーク化が不可欠であることを認識させ、ネットワーク作りの行動を起こす契機となった」と述べている[24]。

注

(1)アディクション問題を考える市民の会『AKK一〇年のあゆみ』一九九六年
(2)野本律子「私の体験・子の立場から」『AKK会報』一号、一九八六年
(3)波多野律子インタビュー記録二〇二一年一〇月二八日実施
(4)松本成子「AKKシェルターと矯風会の活動」『婦人新報』一一四七号、一九九六年
(5)AKK女性シェルター運営委員会『暴力の関係に悩むあなたへ～暴力被害女性を支援するために～』一九九五年
(6)レノア・E・ウォーカー著、斎藤学監訳、穂積由利子訳『バタード・ウーマン—虐待される妻たち』金剛出版、一九九七年（原著Lenore E. Walker, The Battered Woman, Harper&Low, 1979）
(7)斎藤学『魂の家族を求めて』日本評論社、一九九三年、一〇〇—一〇一頁
(8)納米恵美子インタビュー記録二〇二一年一一月八日実施
(9)三井富美代インタビュー記録二〇二一年一一月一九日実施
(10)野本律子「バタード・ウーマンからの回復」『こころの科学』五九号、一九九五年
(11)Melody Beattie, Co-dependent No More: Beyond Codependency, 一九八六年（邦訳『共依存症—いつも他人に振りまわされる人たち』講談社、一九九九年）
(12)波田あい子インタビュー記録二〇二二年六月八日実施
(13)波田あい子、斎藤学「夫の家庭内暴力と妻の回復」『アルコール依存とアディクション』九巻三号、一九九二年
(14)斎藤学インタビュー記録二〇二二年一月三一日実施

(15) 納米恵美子「ドメスティック・バイオレンス法廷見学記」『婦人新報』一一四七号、一九九六年

(16) 俵萌子「裁判・調停・離婚問題分科会の足跡」、須藤昌子「〈駆け込み寺〉をつくる」、行動する会記録集編集委員会編『行動する女たちが拓いた道』一九九八年、俵萌子編『離婚は怖くない』読売新聞社出版、一九七九年

(17) 行動する会記録集編集委員会『行動する女たちが拓いた道』未来社、一九九八年、一五七頁

(18) 小川真理子「ドメスティック・バイオレンス被害者支援を行う民間シェルターと行政との「連携」問題点と可能性―民間シェルター及び自治体関係者への調査を通じて」『人間文化創成科学論叢』一一、二〇〇八年、四九九―五〇八頁

(19) 赤松良子「女性に対する暴力」『国際女性』第六号、一九九二年、三頁

(20) 「夫（恋人）からの暴力」調査研究会『ドメスティック・バイオレンス』有斐閣、一九九八年

(21) 「夫（恋人）からの暴力」調査研究会『ドメスティック・バイオレンス［新版］実態・DV法解説・ビジョン』有斐閣、二〇〇二年

(22) 北沢洋子「第四回国連世界女性会議の概要」『国際女性』第九号、一九九五年、七七―八三頁

(23) 堀内光子「北京会議（九五年）の意義及びその成果と課題についての一考察」『アジア女性研究』二五号、二〇一六年、五七―七二頁

(24) 近藤恵子インタビュー記録二〇二一年一一月七日実施

II章　当事者によるシェルター運動

―「AKK女性シェルター」の開設と活動

内藤 和美

Ⅱ章は、Ⅰ章で語られた当事者らによって「ＡＫＫ女性シェルター」がどのように開設され、どのような運営と活動が行われたかについて記す。うち、活動は「保護・相談と初期の回復支援」、「暴力被害女性の自助グループ活動」、「ステップ・ハウスの開設・運営」、「『女性に対する暴力』に関する情報発信」、「シェルター閉所とその後の活動」に分けて記した。特に、「ＡＫＫ女性シェルター」の類い稀な特徴として、緊急一時保護機能だけでなく、種々のプログラムを活用した初期の回復支援機能を含むシェルター活動が行われたことに注目した。

１　開設

１９９２年１１月、野本さんらがシェルター開設を決意した暴力被害当事者の女性たちは呼びかけ文を作り、口座を開設して募金を開始した。「バタード・ワイフ」であった女性たちが募金してくれた。シェルター開設準備を報じた１９９３年１月１８日読売新聞夕刊記事(2)（２８ページ）には大きな反響があったという。ＡＫＫ会員からは、自宅の提供の申し出があり、同宅を賃借するかたちで、１９９３年４月、「ＡＫＫ女性シェルター」を開設することとなった(1)。

『ＡＫＫ女性シェルターだより』№.１（１９９４年２月）には、シェルターの開設と目的が次のように記されている。

◆「AKK女性シェルター」のなりたち

「AKK女性シェルター」は、家族（主に夫）からの暴力を受けている女性たちのための避難所で、AKK（アディクション問題を考える会）という市民の会の女性メンバーが中心となって設立されました。母体であるAKKは、アルコール・薬物依存症や摂食障害、ギャンブル中毒、買い物中毒、家庭内暴力など、本人のみならず家族の生活や人間関係まで破壊してしまうような嗜癖（アディクション）問題の啓蒙や、回復援助などの活動を行っています。メンバーの中には、夫からの暴力から逃れて自立し、AKKの活動に参加することによってアディクションという病理から回復しつつある女性が少なくありません。そのような自分たちの経験から、いまだに暴力を受け続けている被害女性〈バタード・ウーマン〉への具体的援助として、シェルター設立の構想が生まれました。

◆目的

現在、日本には暴力夫から逃げてきた女性が、夫に居場所を知られることなく、安心して避難できる場所はほとんどありません。たとえば東京都には、東京都女性相談センターの一時保護施設がありますが、収容人数がかぎられ滞在できる日数も限定されています。子どもづれの場合は相談センターや福祉事務所、あるいは婦人少年相談室等を通して母子寮に入る方法があります。しかし、ここも誰でもが入れるわけではありません。市民のボランティアによる民間の施設としては、HELP（日本キリスト教婦人矯風会）などがありますが、より窮状にある外国人女性労働者たちで常に満杯なのが現状です。欧米各国には、すでに暴力被害女性のためのシェルターがあり、アメリカだけで千二百件あるといいます。日本でも、暴力被害女性を対象とするシェルターが必要だというのが、長年の私たちAKKメンバーの念願でした。そうして私たち「AKK女性シェルター」運営委員会は、①シェルター運営、②被害女性の相談と回復援助、③社会問題としての「女性に対する暴力」に関する情報提供、の三つを柱に、暴力被害女性への支援活動を始めました(3)。

2　シェルター運営

運営体制

開設された「AKK女性シェルター」では、暴力被害当事者女性、弁護士、カウンセラー、保健師、保育士、公益財団法人職員、編集者等一一名からなるボランティア組織「AKK女性シェルター運営委員会」（以下、運営委員会）が運営主体となって、DV被害女性への支援活動を開始した。精神科医、弁護士等三名が顧問として運営委員会の活動をサポートした(3)(4)(5)。

運営委員会は、当初月一回、のちに月二回の会議で協議・方針決定を行いながら、財源を集め・管理し、家屋を賃借・維持管理し、利用者の処遇方針を決め、相談・回復援助活動を行い、講演会等を企画・実施し、通信等出版物・交流会開催等を通じて情報を発信した。

１９９７年9月には、シェルターとは別所に事務所を開設し、事務所には、有償の電話相談担当者が配置された(5)(6)。

施設と施設管理

当初の「ＡＫＫ女性シェルター」は管理人室以外に三室、トイレ二つ、台所と風呂が一つずつあり、これらを同時に三組までの利用に供した。専従職員はおらず、自らも夫の暴力の被害経験を持つ運営委員一名が、パートタイムの管理人として、「ＡＫＫ女性シェルター」と同じ家屋の一室に利用者同様部屋代を支払って共住し、利用者の生活をサポートした。他の運営・相談・回復援助活動・事業の企画と実施・情報発信等はすべて、弁護士・カウンセラー・研究者・保健師・保育士・編集者・団体職員等である運営委員のボランティア活動によって行われた。「ＡＫＫ女性シェルター」は、場所の秘匿の徹底と賃借事情により、その後二回、１９９６年と２００３年に移転している(1)(4)(5)(8)。

財源

財源は、利用者からの部屋代（一日二千円。食事は自己負担）、東京都及び民間の助成金、「ＡＫＫ女性シェルター」後援会費、個人及び団体からの寄附、講座参加費・冊子等販売・バザー売上等の収入等である(3)(4)(6)(8)(9)(10)(12)(13)(14)(15)(16)。運営委員であった三井さんは、財源確保が大きな課題で、数多くの助成申請を行ったことを語っている(17)（表1）。

＜表１＞ＡＫＫ女性シェルターが助成を受けた団体

（1993－2004年）

団体名
財団法人東京女性財団
公益財団法人東京都地域福祉振興財団
公益財団法人ジョイセフ（2002 年度加藤シズエ賞）
公益財団法人ソロプチミスト日本財団東京
公益財団法人日本財団
社会福祉法人朝日新聞厚生文化事業団
宗教法人カトリック中央協議会カリタスジャパン
一般社団法人至誠会
ILBS 国際婦人福祉協会
リーバイ・ストラウス ジャパン株式会社

名称変更

「ＡＫＫ女性シェルター」は、１９９９年４月に「ＡＷＳ」（Abused Women's Support）に名称を変更した。

「わたしたちの活動は「ＡＫＫ」（アディクション問題を考える会）の活動の中から生まれました。しかし、現在ではそれぞれが独立したグループとして独自の活動を展開しています。そこで、１９９９年４月から「ＡＫＫ女性シェルター」から『ＡＷＳ』に名称を変更することにしました」[11]。

その背景には、「ＡＫＫ」を冠することが、ＤＶを女性に対する暴力ではなくアディクションととらえているのではないかという誤解を生む余地があり、現にそうした批判を受けることもあった[17]。

3 活動

保護、相談と初期の回復支援

①受け入れ

利用者の受け入れ経路は、福祉事務所や相談機関・医療機関からの紹介、図書や新聞・雑誌記事・主催講座参加等で、「ＡＫＫ女性シェルター」を知った本人からの連絡、「原宿相談室」等の自助グループ参加からの入所希望のおおむね三通りである。本人からの連絡や紹介を「アディクション問題を考える会」のボランティアカウンセラーが受け付け、必要に応じて運営委員と相談の上、支援可と判断した場合、「AKK女性シェルター」管理人スタッフによる入居時オリエンテーションを経て入居となる(3)(4)(17)。

受け入れ可否の判断上重視されたのは、加害男性との関わりを断てるか否かであった。男性との連絡・接触は、シェルターの場所が知られることにつながり、本人及び他の利用者を危険にさらし、シェルター活動の継続を困難にするからである(18)。その他、シェルターの共同生活が可能な人か等が確認された。アルコールや薬物の乱用がある場合は、共同生活に困難があるので、専門的治療施設がすすめられた(18)。

②入居中の支援

交替で活動する運営委員が、同じく運営委員である管理人と共に、シェルター・スタッフとして入居中の利用者の個別性に応じて話を聞き、生活相談に乗り、シェルターでの生活を調整し、回復支援プログラムへの参加について情報提供を行い、退所後の生活に向けた相談や手続きのために行政機関に同行し、同伴児の保育をする等の活動を行った(5)(8)(18)。

支援の内容は、言うまでもなく利用者個々の状況次第であるが、基本的に次のような方針で行われた。

入居からおよそ一週間は、「休息と最低限の身辺整理」の時期で、安心して眠り身体を休めることを優先する。通院や緊急の手続き以外、外出は控え、話をしたい場合は、シェルターのスタッフが聞き役を務める。

二週以降二カ月までは、「心理面のケア」に重きが置かれる。長期にわたる虐待がもたらす心の傷について学ぶことの必要性、それを癒して回復することが新しい人生を歩む力となることをしっかり伝え、シェルターのスタッフと共に計画を立て、回復支援プログラムへの参加が勧奨される(18)。

こうして、利用者個々の状態に即してそれら回復支援プログラムを紹介し、参加を勧奨する点が、「AKK女性シェルター」の出色の特徴である。

回復支援プログラムは、「AKK女性シェルター」主催のあるいは「AKK」、「原宿相談室」などつながりのある組織・機関が実施する講義やセミナー、自助グループ、専門家が参加する治療グループ、専門家の個別対応等の活動である。

自助グループには、DV被害体験を持つ女性がファシリテーターを務めるシェルター内での利用者ミーティングの他、アルコール依存症者の妻のプログラム、AKK相談例会、レディース・アノニマス等がある。アルコール依存症者の妻のプログラムは、「原宿相談室」主宰のセルフヘルプ・グループ活動、レディース・アノニマスは、「原宿相談室」の自助グループ活動から派生した女性たちの自助グループ活動(1)(17)(19)、AKK相談例会は、アルコール依存症、薬物依存症、過食拒食症、ギャンブル依存症、働き中毒、買い物依存、家庭内暴力など、さまざまなアディクションの本人や家族の自助グループ活動である(21)。

医師・心理セラピスト等の専門家が参加する治療グループには、愛しすぎる女たちのグループ、クローズド・グループ、オープン・グループ等がある。これらはいずれも、当時、「原宿相談室」で実施されていたグループ・セラピーである(4)(19)。〈愛しすぎる女たち〉とは、パートナーの世話を焼き、パートナーに必要とされることで自己確認するなど、パートナーとの関係に依存した状態にある女性たちをさす。

結果的に、パートナーの問題行動を助長する〈イネイブラー（enabler）〉となってしまう(22)。クローズド・グループは、医師が参加するＤＶ被害を経験した女性たちのグループ、オープン・グループは、ＤＶ被害を経験した女性たちだけでなく、研究者・専門職等が参加するグループである(19)。

専門家による個別対応は、運営委員／シェルター・スタッフ、あるいは、「ＡＫＫ」のネットワークを通じた協力関係にある精神科医の治療、心理セラピストや弁護士の相談、ソーシャルワーカーや保健師の支援等である（有料、減免制度有）。

この他に、暴力被害女性のクローズド・ミーティング（月二回、後述）と利用者との交流会（月二回）、年中行事時には、これまでのシェルター利用者や協力者を交えた食事会が開催された(1)(3)(4)(18)(23)(24)。

そして、そもそも、「ＡＫＫ女性シェルター」は、先輩である当事者スタッフとの出会いや、同じ経験をした女性たちとの共同生活を通じて、共感や励まし合いの「ピア・サポート」、「セルフヘルプの集団力動」が作用する可能性を持つ場であった(18)。野本さんも、シェルター自体が自助グループの性格を持つこと、「ＡＫＫ女性シェルター」が利用者の自助グループ導入を重視したこと両方を含んで、「今までに学ぶことができずにきたこと、失ったもの、そして、人間関係を同じ仲間を得ることを通して再構築できるのだと思っています」と述べている(25)。

こうしたプログラムへの参加と、自助グループたり得る性格を内包するシェルターで、共同生活を通じて、利用者が次のような課題を達することが目指された(18)。

(1)暴力被害について、自分が感じたこと、考えたこと、不当だと思ったことは当然であったことを確信する
(2)人権を踏みにじられていたことを認識する
(3)虐待による心の傷について学び、自分のそれに気づく
(4)心の傷を手当する

三カ月目には、「プログラムへの参加と並行して、シェルター・スタッフや仲間と相談しながら、住居、仕事・生活資金、保育、学校など退所後の生活の準備を始めることがすすめられる。離婚など法的な問題がある場合は、弁護士による『グループ相談』に参加する」、このうち、「住まい探し」は、利用三カ月目の大きな仕事である。住まい探しをはじめ、プログラム参加の継続を含むシェルター退所後のアフターケアのケースワークは重要で、専任スタッフを置く必要があった[18]。

③「AKK女性シェルター」にとっての「安全」確保の意味

なぜ、緊迫した状況下にある人を保護し、生命・身体を危険から守る緊急一時保護機能に加え、プログラムの導入による初期の回復支援機能を含むシェルター活動が構想されたのか。

長期慢性的に暴力下に置かれていた者は、多くの場合心理的に監禁された状態にあり、被害者が加害

者との関係から抜け出すことは容易ではない。「保護を求めて逃げてきても心身共に一段落すると、再び〈パートナーがどうしているか気がかり〉で接触を求めたり、〈もう一度やり直せるのではないか〉という夢に執着したり、不安から、虐待者のもとに戻ろうとする行為が普通に見られる」(18)。野本さんも、家を出るまでに一〇年近く、家出から離婚まで一年一カ月を要したという自身の経験をも踏まえ、「ある一定期間、自分と向き合うことをしないと、再び同じことを繰り返してしまう。ある期間、問題の人物から離れる必要があり、その間に治療グループや自助グループのミーティングの中で、新しい人間関係を作らないと、パートナーとの関係への執着や心理的監禁や不安感から、もとの慣れた関係へと戻ってしまう」と述べている(1)。

だからこそ、「自らの安全の確保のために虐待者から逃げ出せたことが十分評価され受け止められる」体験、被害者が「再び暴力被害に身を置くような行動や選択をせず、虐待―被虐待関係から自ら脱出できるよう力付けること」が必要である(18)。

こうした経験や認識を共有していた設立メンバーにとって、緊急一時避難の場であるだけでなく、「被害者が虐待―被虐待関係から自ら脱出できるよう力付ける」ことをはじめとする初期の回復支援機能を持つシェルターを構想することは必然だった(7)。「ＡＫＫ女性シェルター」の場合、ＤＶ被害体験を持つ運営委員の存在と、つながりのある組織・機関・専門職の活動が、「被害者が虐待―被虐待関係から自ら脱出できるよう力付ける」資源として活かされた。これらにおける同じＤＶ被害女性たちとの出会いについて野本さんは、「運営委員の数名は、私と同じ体験を持つ女性たちである。入居を希望した人たちと私たちは、同じ体験者として出会って、自分の体験を伝え、情報を届けてきた」(1)、「同じ境遇だった人と語ることで、夫に合わせていた自分の姿を客観的に見られるようになる」(26)、「離婚してもちゃんとやっていけるという具体的なモデル」(2)、「回復し先を歩いている仲間」(27)を知ると述べている。ＤＶ被害女性が加害者から離れる上で、シェルターでの生活や自助グループや治療グループで同じ経験を持つ女性たちと出会い、話を聴かれ、受け入れられ、理解されたり共感されたり、仲間を写し鏡に自分の姿を見直したり、加害者から離れ回復した先輩と出会ったりといった経験が決定的に重要だということだ。

こうして、初期の回復支援の機能が組み込まれたことに伴い、公的シェルターの場合原則二週間である滞在期間は、「ＡＫＫ女性シェルター」の開設直後一年間の利用者の場合二日から一九二日まで、平均四八・六日である。これについて、波田さんは、「利用者が夫のもとに帰らず自立した生活への再出発をするまでの準備期間として、三カ月は必要」という判断があったと述べている(4)。

暴力被害女性の自助グループ活動

「ＡＫＫ女性シェルター」（のちにＡＷＳ、以下同じ）は、当初、月二回、運営委員が持ち回りで担当し、ＤＶ被害女性のクローズド・ミーティングを開催した。

このクローズド・ミーティングの活動から、１９９７年１０月、「ＡＷＳシェルター」を人生の通過点に持った経験のある女性たちを中心にＤＶ被害を語り合い、支え合う自助グループ「ムーンストーン」が生まれた。

グループ発足二年後、1999年末刊の第一三号以降『AKK女性シェルターたより』(のちにAWS女性シェルターたより、以下同じ)には、「自助グループたより ようこそ、『ムーンストーン』へ」というコーナーが設けられ、記事が連載されるようになった。

第一三号の初回記事には、次のように記されている(28)。

「ムーンストーンという貴石は、人生の航海のお守り『羅針盤』の力を持っているといいつたえられています。わたしたちも、これからの航路について、自分のために自分を大切に生きることを、自分の力で決め楽しみ、その責任を引き受けることを身につけるのです。自分の核を宝石のように創り、基盤として出発するのです。そのためにお互いが暖かく、率直で親密な関係を大切にします。共通点の多いお互いの人生に関心と共感をもって聴きますが、決定はその人のものです。私たちは、いつでも新しい仲間を大切に迎えられるよう準備を整えます」

「現在は、毎木曜日の夕方、七時から決まった場所でミーティングを開いています」

「最近は人数が増えて常時一〇人を超すメンバーが参加して語り合っています」

「グループ全体が十分成長しているので、ほとんど誰もがファシリテーター役をこなせます」

「毎回の進行役とは別にミーティング場の鍵を預かる人がいて、文字どおり『キーパーソン』として場の安全を守っています。私も自分の必要から当事者の一人として参加し、自分の話をしています。この二年間のムーンストーン体験は、私にとっておおいに助けになるものでした。数年にわたり触れあってきた仲間が、自分の仕事を見つけぐんぐん力を発揮しはじめると自分も留まってはいられないぞと励まされます。また苦境の直中にあるひとの言葉には、哀しみに研ぎ澄まされた人だけが放つ神々しいまでの『気高い美しさ』があり、厳粛な気持ちにさせられます。共感の涙と共に、この哀しみが行動の原点だったことを、強烈に思い出させてくれるのです」

2000年度には、語らいのミーティングに加え、毎月第一土曜日に、外部講師を招いての学習ミーティング「レクチャー・ミーティング」が開始された(13)。

ステップ・ハウスの開設・運営

シェルターに避難せざるを得なかった人にとって住居の確保は非常に困難な課題である。シェルター運営委員会は、1996年に、シェルターを出た後、定住できる住み家が確保できるまでの間、安心して暮らすための中間支援施設「ステップ・ハウス」(29)を、翌1997年には「第二ステップ・ハウス」を開設した。ステップ・ハウスは、「居室二室、台所兼談話室一室、トイレ・浴室が一カ所」からなる。「ステップ・ハウスの利用対象者は、シェルター退出後、夫や恋人のもとに帰る意思がなく、自立を目指している女性」である(5)。

ステップ・ハウスでのプログラムは、各利用者の事情により重点の違いはあるが、次の五点が課題とされた(18)。

(1)ステップ・ハウス利用期間中は回復支援プログラムへの参加を継続する
(2)職業訓練、パートタイム就労等によって自活への準備をする
(3)離婚など法的手続きに着手する
(4)子ども、親きょうだい他親族等に自分の現在の気持ちや考え、生活状況や今後の生活設計を伝える
(5)新たな人間関係をつくる

二つのステップ・ハウスは、財源不足により、1999年に閉鎖を余儀なくされた(28)。

『女性に対する暴力』に関する情報発信

日本でDV等の「女性に対する暴力」が社会問題として認知され、立法・行政上の対応がなされるようになったのは、1995年の国連の「第四回世界女性会議」(以下、北京会議)以降である。「AKK女性シェルター」が活動を始めたのはその前である。「AKK女性シェルター」は、シェルター運営と

併せて、講座等学習機会の提供、逐次刊行物『AKK女性シェルターたより』や冊子の発行により、「社会問題としての女性に対する暴力」に関する発信を行った。

①講座等学習機会の提供

「AKK女性シェルター」は、シェルター運営のかたわら、市民に対し、表2、3、4（次ページ）のような学習機会を提供した。

うち、「AKK女性シェルター」開設後、最初の主催講座「暴力の女性学連続講座」（1993年）が、東京都某区の協力により開講された。閉所前、最後の連続講座「○区（資料のまま）DVグループ企画『私の人生を再設計する』」（2003―2004年）は、それぞれ以下のような内容で構成された。「暴力の女性学連続講座」は、女性学視点で社会問題としてのDVを解読し、その知識をDV被害女性の力にしようとするもの、「私の人生を再設計する」は、これに被害者の認識・心理の面をも加え、自助グループ活動と関係付けられた内容となっている。

女性学は、社会的に「女性」と位置付けられることによって生じる経験を起点に、性別による分け隔てや差別のありようや再生産のメカニズムを明らかにし、それらの撤廃、性別について平等・公正な社会への変革の途を見出そうとする学問である[38]。「暴力の女性学連続講座」という講座名には、暴力被害女性の経験を起点とすること、「女性に対する暴力」は社会問題／公共問題であること、その撤廃・変革を目指す学習であることが含意されている。

＜表２＞ＡＫＫ女性シェルターが主催／共催した主な学習事業

講座事業名	開催時期
第１回ＡＫＫ女性シェルター活動報告会「暴力の女性学連続講座」（全４回）	1993年7月～9月
第２回ＡＫＫ女性シェルター活動報告会 講演会「USAのシェルターに学ぶ」	1994年12月2日
第３回ＡＫＫ女性シェルター活動報告会	1996年3月19日
第４回ＡＫＫ女性シェルター活動報告会＋ジョイント・シンポジウム「どうやってつくる 民間シェルター」	1997年2月22日
ワークショップ「アダルト・チルドレンと癒し 」	1997年6月7日
ＡＫＫ&ＦＴＣシェルタージョイント講座「サヴァイヴァーへの援助 リンダ・ジンガロさんを迎えて」	1997年11月8日
ＡＫＫシェルターフォーラム 「光に向かって－子ども虐待、女性に対する暴力による心の傷からの回復」	1998年7月20日
ムーンストーン「レクチャー・ミーティング」（全６回）	2000年
ＡＷＳ連続講座「親の暴力に傷ついた子どものケア」（全３回＋アンコール１回）	2000年5月13日～2001年3月25日
全国女性シェルターネット2000年東京フォーラム「私の生は私のもの女性と子どもに対する暴力の根絶をめざして」（共催）	2000年6月24～25日
ムーンストーン「レクチャー・ミーティング」（全５回）	2000年9月1日～2001年3月2日
AWS 講演会「被害者の人権をまもる「ＤＶ防止法」を！サバイバーは発言する」	2000年12月8日
ドメスティック・バイオレンスの家庭に育った子どものためのプログラム（全１４回）	2001年9月～2002年3月
ＡＷＳ講演会「内田春菊さん講演会」	2001年12月16日
東京ウィメンズプラザ助成事業「魂の自由を謳おう」シンポジウム「民間シェルターは発信する」（共催）	2002年2月16日

講座事業名	開催時期
加藤シズエ賞受賞記念ＡＷＳ連続講座 「親の暴力に傷ついた子どものケア」part2（全２回）	2002 年 10 月 4 日 ， 2003 年 3 月 2 日
日米共同学習会「〔米国カリフォルニア州公認モデル〕カリフォルニア州サクラメント市の専門家とともに」（支援者対象）	2003 年 8 月 21 日
○区（資料のまま）ＤＶグループ企画「私の人生を再設計する」（全 10 回）	2003 年 10 月 22 日 ～2004 年 3 月 24 日
特別講座「ＤＶ女性の無料法律相談日」（平山知子弁護士 ）	2004 年 2 月 7 日
○区（資料のまま）ＤＶグループ企画 「もっと自分を好きになるレッスン」（全８回）	2004 年 4 月開始
ムーンストーン「レクチャー・ミーティング」 連続講座「グリーフワークについて」（全４回）	2004 年 4 月開始
IT 教室（全 12 回）	2004 年 6 月～12 月

出所：(1) (10) (13) (15) (16) (29) (30) (31) (32) (33) (34) (35) (36) (37)

<表 3>暴力の女性学連続講座（全４回）のプログラム

（1993 年 7 月～9 月）

第１回ＡＫＫ女性シェルター活動報告会として開講

回	テーマ	講師
1	“暴力を育む”関係と家族の諸例	波田あい子
2	治外法権としての家族	角田由紀子
3	アメリカにおける女性シェルターの運営と支援	吉浜美恵子
4	暴力夫に決別するとき	ＤＶ被害当事者

<表 4>○区（資料のまま）ＤＶグループ企画「私の人生を再設計する」（全 10 回）プログラム

（2003 年 10 月 22 日〜2004 年 3 月 24 日）

回	テーマ		講師
1	講義	自分開発プログラム〈1〉自助・共助	
	ワーク	ビデオ「ドメスティック・バイオレンス」	
2	講義	ＤＶの実態　〜体験談〜 孤立化と自尊感情を語る、ＤＶを乗り越えて自立まで	
	ワーク	それぞれの棚卸し	
3	講義	男はなぜ暴力を選ぶのか？	松田知恵
	ワーク	女性の人権、暴力の構造 （力と支配／三構造サイクル／影響）	
4	講義	家族の神話・聖母子像〜わが家の隠されたルールと謎解き	野本律子
	ワーク	ジェノグラム（自分の人生再設計プログラム〜大切なわたしに贈る時間）	
5	講義と分かち合い	少女の野望と女性の発達論〜欲望のねじれ現象〜	波田あい子
6	講義と分かち合い	家族の選び直し〜子どもと生きる〜	野本律子
7	講義と分かち合い	対等ということ、親密性ということ 〜わたしのコミュニケーション・パターンを知る	松田知恵
8	講義と分かち合い	ＤＶ体験女性の法律の使い方、闘い方	野本律子
9	講義と分かち合い	ジェンダーがつくり出す「犯罪」と「病理」 〜失感情 VS 共依存〜	
10	講義と分かち合い	自分開発プログラム〈2〉自助グループというもの	

②たよりの発行

「ＡＫＫ女性シェルター」運営委員会は、１９９４年２月、『ＡＫＫ女性シェルターだより』（以下、たより）を創刊した。現在、ウィメンズ アクション ネットワーク（ＷＡＮ）の「ミニコミ図書館」ですべての号を見ることができる。三井さん（創刊号、第二号）、納米さん（第三号〜第二九号）が、たよりの作成・刊行に中心的役割を果たした（資料①６５ページ ②６６ページ）[17]。

以後、２００５年１月までの一一年間に、シェルターの名称変更に伴って、表５（次ページ）のように紙名を変えながら二九号までを発行して、後援会員、寄附者等に送配布した。たよりは、「ＡＫＫ女性シェルター」の活動の報告記事、解説記事、取材記事、利用者の手記、情報、寄附の謝辞と呼びかけ等からなっている。創刊号と最終号の内容を表６（次ページ）に例示した。

全文は「WAN ミニコミ図書館」で公開

AKK 女性シェルターたより 1-29 号

暴力の関係に悩むあなたへ ドメスティック・バイオレンス情報ハンドブック〜暴力被害女性を支援するために〜

<表5>「ＡＫＫ女性シェルター」発行紙名称の変遷

発行者	名称	No.	発行年
ＡＫＫ女性シェルター運営委員会	ＡＫＫ女性シェルターだより	No. 1～9	1994～1998
ＡＷＳ運営委員会	ＡＷＳ　ＡＫＫ女性シェルターたより	No. 10	1998
ＡＷＳ運営委員会	ＡＷＳニューズレター	No. 11, 12	1999
ＡＷＳ運営委員会	ＡＷＳ女性シェルターたより	13～28 号	1999～2004
ＡＷＳ運営委員会	ＡＷＳ	29 号	2005

<表6>ＡＫＫ女性シェルター発行紙の内容

No. 1（創刊号）[3]	No. ２９号（最終号）[42]
・ＡＫＫ女性シェルターのなりたち ・目的 ・これまでの経過 ・活動の内容 相談と回復援助 連続講座 小冊子、本の出版 ・1992 年 10 月～93 年 11 月までの収支報告 ・献金・献品をおよせいただいた方々 ・わたしの体験：シェルターで３カ月を過ごして ・女性シェルター利用状況 93 年４月～12 月 ・ＭＳの記事から：Women Who Kill The Batterers Are Getting Battered in Court ・解説：専門家証人とは ・金曜日はシェルターイブで（参加呼びかけ） ・ＡＫＫ女性シェルターバザーのお知らせ ・後援会のお願い	・自助グループに集って ・子どもプログラム ・これからのＡＷＳ ・悲惨な災害・事件の年の「希望」改正ＤＶ法 ・非開示のはずの個人情報が漏れる? ・自立支援と民間団体の役割 ・暴力のない社会を（イベント案内） ・ＤＶ被害者支援関係機関連絡会に参加して ・子どもたちは「未来」 ・ＩＴ教室報告 ・全国シェルターシンポジウム鳥取・いんなご報告 ・ようこそムーンストーンへ ・自助グループ及び電話相談（案内） ・献金・献品をおよせいただいた方々 ・後援会のお願い

暴力被害女性の避難所　NO.1　1994年2月

AKK女性シェルターだより

AKK WOMANS SHELTER NEWSLETTER

発行　AKK女性シェルター運営委員会

◆AKK女性シェルターのなりたち◆

AKK女性シェルターは、家族（主に夫）からの暴力を受けている女性たちのための避難所で、ＡＫＫ（アディクション問題を考える会）という市民の会の女性メンバーが中心となって設立されました。母体であるＡＫＫは、アルコール・薬物依存症や摂食障害、ギャンブル中毒、買い物中毒、家庭内暴力など、本人のみならず家族の生活や人間関係まで破壊してしまうような嗜癖（アディクション）問題の啓蒙や、回復援助などの活動を行っています。メンバーの中には、夫からの暴力から逃れて自立し、ＡＫＫの活動に参加することによってアディクションという病理から回復しつつある女性が少なくありません。そのような自分たちの経験から、いまだに暴力を受け続けている被害女性（バタード・ウーマン）への具体的援助として、シェルター設立の構想が生まれました。

◆目的◆

現在、日本には暴力夫から逃げてきた女性が、夫に居場所を知られることなく、安心して避難できる場所はほとんどありません。たとえば東京都には、東京都女性相談センターの一時保護施設がありますが、収容人数がかぎられ滞在できる日数も限定されています。子供づれの場合は相談センターや福祉事務所、あるいは婦人少年相談室等を通して母子寮に入る方法があります。しかし、ここも誰でもが入れるわけではありません。市民のボランティアによる民間の施設としては、ＨＥＬＰ（日本キリスト教婦人矯風会）などがありますが、より窮状にある外国人女性労働者たちで常に満杯なのが現状です。欧米各国には、すでに暴力被害女性のためのシェルターがあり、アメリカだけでも1200件あるといいます。日本でも、暴力被害女性を対象とするシェルターが必要だというのが、長年の私たちAKKメンバーの念願でした。

そうして私たちAKK女性シェルター運営委員会は、①シェルター運営、②被害女性の相談と回復援助、③社会問題としての「女性に対する暴力」に関する情報提供、の３つを柱に、暴力被害女性への支援活動を始めました。

資料①　はじめての「たより」
ＡＫＫ女性シェルターだより No.1　表紙

暴力被害女性のサポート

AWS

29号　2005年1月

<自助グループに集って>

ようやく冬らしい寒さとなった12月のある日の午後、都内某区の女性センター会議室に、30人ほどの女性たちが集いました。暴力をふるう夫や恋人のもとを離れてから数ヶ月から10年以上の人まで、年代も30代から60代までさまざま。一人ひとり、“いま”の“自分”を語ります。AWSクリスマス会のプログラムの一部として開かれた、ミーティングの一コマです。私たちが大切にしてきたもの、続けてきたもの、求めてきたものは、この語りと分ち合いの場です。年の瀬にこれまでのAWSの歩みを振り返りつつ、これこそが私たちの活動の変わらない核心なのだと、強く感じています。参加者の語りには、不安、緊張、怒り、寂しさ、子育ての負担など大変なことだけでなく、生き延びた自分の達成を誇りたい気持ち、仲間に認めて欲しい気持ちなどもほとばしります。美談でもなく、悲劇というわけでもなく、むしろゴツゴツとした手触りの、素のままの自分の物語です。ミーティングは、私がもう一人の私に出会って、私たちになれる場、私たちが自分たちの物語を語ることができる語りの容器《いれもの》です。

<子どもプログラム>

ミーティングの時間中、子どもたちは母親と離れて別室で、ボランティアでサンタ役を買って出てくれたパントマイム・アーティストの青年たちと一緒に遊んで過ごしました。このプログラムには、暴力をふるわない大人の男もいるんだよということを子どもたちに知って欲しい、感じて欲しいとの願いと、母親との生活のなかだけでは発散しきれないエネルギーを、安全に、ルールを守って遊びながら、楽しみながら発散できるようにとの意図が込められています。

子どもたちはかけがえのない宝、生きる希望でもあり、養育の責任を担う母親にとってはずっしりと重い存在でもあります。DVにさらされて心に傷を負った子どもたちが発するSOSに対処するのは、たやすいことではありません。子どもを犠牲にすることなく、そして自分が犠牲になることもない、そんな道を探っていきたいのです。今の日本には、DVによって傷ついた子どものためのプログラムは、ほとんど見当たらないのが現状です。そうであるなら、自分たちにとって必要なものを、自分たちで創っていきたいと思うのです。

<これからのAWS>

2004年はシェルターを閉じるという選択をした年ですが、自助グループ・ミーティング、そして子どもたちのためのプログラムだけは今後もぜひ続けていきたいと考えています。皆さまの暖かいご支援をお願いいたします。

最後になりましたが、2005年が皆さまにとって明るく、希望に満ちた一年になりますように。

資料②　最後の「たより」

被害女性のサポート AWS 29号　表紙

③出版

1995年4月、AKK女性シェルター運営委員会は、財団法人東京女性財団の助成を受け、ガイドブック『暴力の関係に悩むあなたへ　ドメスティック・バイオレンス情報ハンドブック～暴力被害女性を支援するために～』[39]を出版した。

こちらもたよりと同様にWANの「ミニコミ図書館」で見ることができる。ガイドブックは、「AKK女性シェルター」での対応・支援経験と、アメリカのシェルター二カ所の訪問調査に基づいて作成された。内容は、

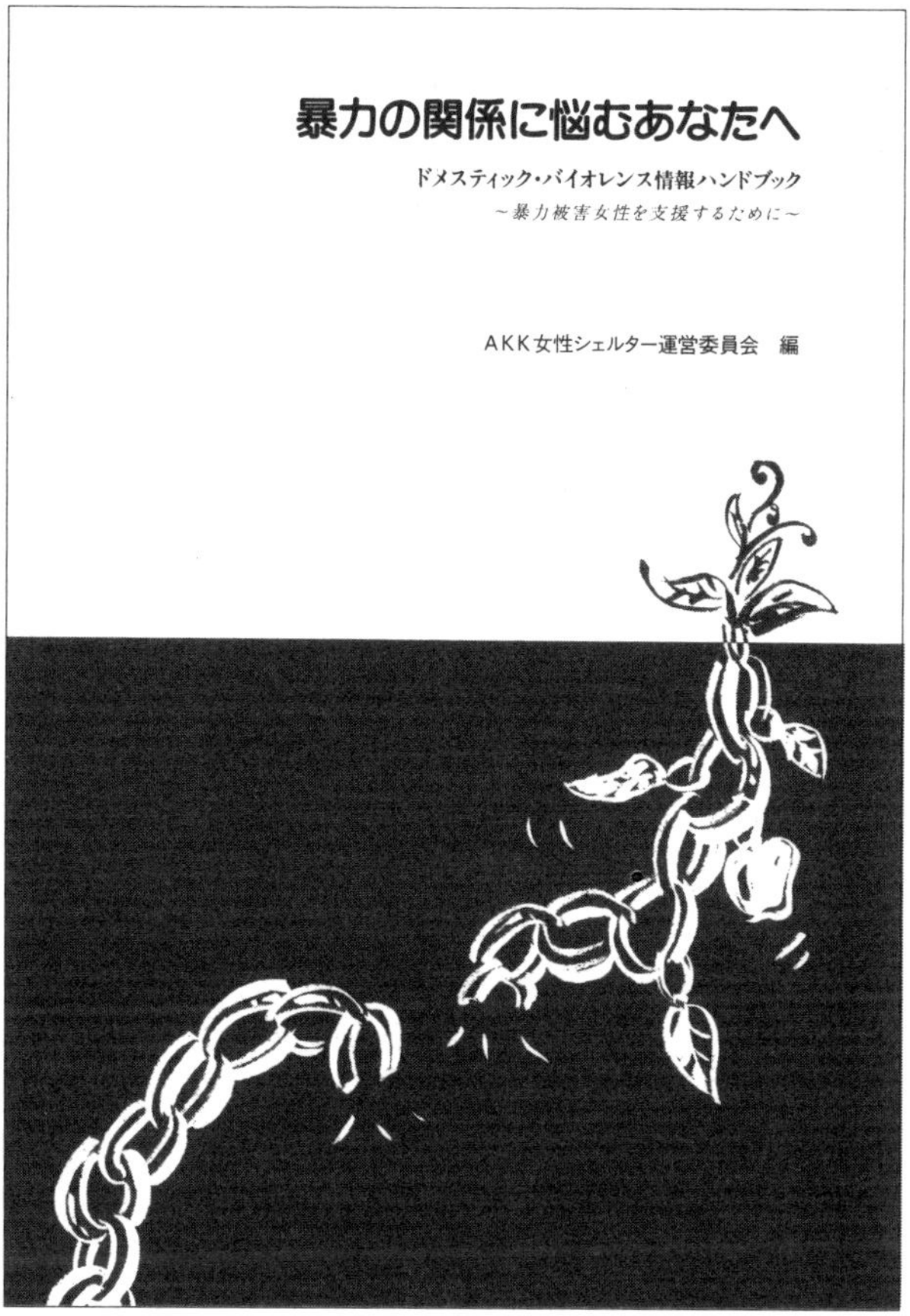
暴力の関係に悩むあなたへ
ドメスティック・バイオレンス情報ハンドブック
～暴力被害女性を支援するために～
AKK女性シェルター運営委員会　編

『暴力の関係に悩むあなたへ　ドメスティック・バイオレンス情報ハンドブック～暴力被害女性を支援するために～』
（AKK女性シェルター運営委員会編）表紙

DVがなぜ問題なのか、安全な生活に移行するための家出や離婚に関する助言、相談援助機関の情報、危険度の「チェックリスト」等からなり、運営委員の他、斎藤医師が「助言『危険な場所』から『安全な場所』へ」を執筆した(39)。新聞に掲載された紹介記事には大きな反響があり、希望者に一部千円で販売された(39)(40)。

4　シェルター閉所とその後の活動

シェルターの閉所

2004年4月、「AKK女性シェルター」は、シェルターの活動を終えることとなった。当時の代表、納米さんは、一一年間のシェルター運営を振り返り、閉所の判断とその理由、爾後の活動の展開について、次のように記している。

「夫や恋人などから暴力を受けた女性が避難できる場所を確保してシェルターとしての活動を始めてから、一一年間が経ちました。一二年目の春にあたる今年四月、私たちはシェルターとしての活動には終止符を打つことにいたしました。なんとか活動を継続してこられたのは、皆さまの支えがあったからこそと感謝の意でいっぱいです。シェルターは閉所しますが、ＡＷＳは、Abused Women's Supportとして、自助グループの活動は継続し、また女性ネットSaya-Sayaとの連携のもとに、緊急一時避難後の自立支援、ＤＶの影響を受けた子どもたちのサポートを展開していきたいと考えています。一一年間に、延べ一四四人の女性とその子どもたち一一四人が人生のひと時をシェルターで過ごし、それぞれの道へ歩みだしていかれました。自らが当事者である女たちとその仲間が、自分たちが必要だと思うサービスを創り出す…このスタンスは当時も今も変わりません。全国の仲間たちとのネットワーク、「ＤＶ防止法」制定・改正へ向けてのロビイング、すべて貫いてきた姿勢は同じです。草の根からの問題提起として、一定の役割は果たしてきたと考えています。ＤＶは今や一般名詞として通用するようになり、問題が社会化されるにつれ、その対応も制度化・組織化されつつあります。しかし、草の根の運動体は、お金も、人手も十分でない状況は一向に改善されず、安全に施設を運営していくことは難しいとの判断にいたりました」(16)

シェルター閉所後の活動

①自助グループ、電話相談、学習事業の継続

前項引用の通り、シェルター閉所後、「ＡＷＳ」として、電話相談、自助グループ・ミーティング、

学習事業（2004年度は、某区DVグループ企画「もっと自分を好きになるレッスン」、IT教室、ムーンストーン「レクチャー・ミーティング」等）を継続した。自助グループ活動の継承は、共に活動してきた野本さんの思いでもあったので、波多野さんは継続してきた(20)。

②女性ネットSaya-Sayaとの連携による活動

「AKK女性シェルター」開設と運営に中心的役割を果たしてきた野本さんは、2000年6月に、同じく暴力被害女性の支援組織「女性ネットSaya-Saya」を設立し、活動の重心をそちらに移した。「女性ネットSaya-Saya」は、翌年にかけて、相談（電話、面談）、自助グループ・ミーティング、学習事業、「Saya-Saya工房」、被害女性の就労支援の場「レストランSaya-Saya」の運営等の活動を始めていった(41)。「AWS」は、「女性ネットSaya-Saya」と連携して、「緊急一時避難後の自立支援プログラム」、「DVの影響を受けた子どものサポートプログラム」等に取り組んだ。「DVの影響を受けた子どものサポートプログラム」とは、母親が自助グループ・ミーティングやプログラムに参加している間、その子どもたちに提供される託児を超えた遊びのプログラムである。プログラムには、男性ボランティアが参加する。「プログラムには、子どもたちが暴力をふるわない大人の男性と出会うこと、ルールを守って楽しく遊びながら、母親との生活の中で発散しきれないエネルギーを発散できるようにとの意図が込められている」(16)(42)。

暴力被害女性とその子どもたちに同時並行で支援プログラムを提供するこの手法は、その後、カナダの〈Concurrent Program for children and their mothers4 に基づく「ドメスティック・バイオレンス被害母子同時並行プログラム」等の実践へと発展していく(43)(44)。

5 「ＡＫＫ女性シェルター」は〈エンパワーメント・シェルター〉だった！

Ⅳ章であらためて論じるが、緊急一時保護・安全確保だけでなく、初期の回復支援機能を組み込み、かつシェルター自体が利用者同士のピア・サポート／自助グループの性格を持つことを意識した「ＡＫＫ女性シェルター」の活動は、〈エンパワーメント・シェルター〉と言い得るものであった。それは、「自らが当事者である女たちとその仲間が、自分たちが必要だと思うサービスを作り出す」実践から生まれたものであった(16)。

「ＡＫＫ女性シェルター」は、２００２年度加藤シヅエ賞を受賞した。「実践的活動であること、当事者の自己定義権の復権を目指すものであること、社会に向けて主張を言語化して訴えてきたこと」（林陽子選考委員選評）が評価されての受賞であった(45)。

注

⑴野本律子「バタード・ウーマンからの回復」『こころの科学』五九号、一九九五年、五七―六二頁
⑵読売新聞「〈暴力夫〉からの自立手助け「妻のシェルター」作り ボランティア団体 基金をもとに都内に一部屋確保」夕刊一九九三年一月一八日
⑶ＡＫＫ女性シェルター運営委員会『ＡＫＫ女性シェルターだより』№１、一九九四年
⑷波田あい子「暴力被害女性民間シェルターの運営と回復援助の試み」『アルコール依存とアディクション』一一（三）、一九九四年、二〇一―二一〇頁
⑸米山奈奈子「ＡＫＫシェルターの現在―暴力被害女性の援助を巡って」『更生保護』四八（一〇）、一九九七年、二二三―二二六頁
⑹ＡＫＫ女性シェルター運営委員会『ＡＫＫ女性シェルターだより』№７、一九九八年
⑺納米恵美子インタビュー記録二〇二一年一一月八日実施
⑻松本成子「ＡＫＫ女性シェルター」『アルコール依存とアディクション』一〇（四）、一九九三年、三二六―三二七頁
⑼ＡＫＫ女性シェルター運営委員会『ＡＫＫ女性シェルターたより』№２、一九九四年
⑽ＡＫＫ女性シェルター運営委員会『ＡＫＫ女性シェルターたより』№５、一九九七年
⑾ＡＷＳ運営委員会『ＡＷＳニューズレター』№１１、一九九九年
⑿ＡＷＳ運営委員会『ＡＷＳ女性シェルターたより』一四号、二〇〇〇年

(13) ＡＷＳ運営委員会『ＡＷＳ女性シェルターたより』一八号、二〇〇一年
(14) ＡＷＳ運営委員会『ＡＷＳ女性シェルターたより』二二号、二〇〇二年
(15) ＡＷＳ運営委員会『ＡＷＳ女性シェルターたより』二六号、二〇〇三年
(16) ＡＷＳ運営委員会『ＡＷＳ女性シェルターたより』二八号、二〇〇四年
(17) 三井富美代インタビュー記録二〇二一年一一月一九日実施
(18) 波田あい子「暴力被害女性民間シェルターの運営と回復援助の試み」波田あい子・平川和子編著『シェルター女が暴力から逃れるために』青木書店、一九九八年、九五―一一五頁
(19) 波田あい子インタビュー記録二〇二二年六月八日実施
(20) 波多野律子インタビュー記録二〇二一年一〇月二八日実施
(21) 「ＡＫＫ西武沿線相談例会とは」https://AKK-seibu-ensen.jimdofree.com/ 相談例会とは、二〇二三年三月八日閲覧
(22) 波田あい子「〈もう一人の女を好きになる〉という課題とセルフヘルプ ラブ・アディクション「愛しすぎる女たち」のグループから」『精神療法』一八（六）、一九九二年、一七―二三頁
(23) 斎藤学「こころとセルフヘルプ・グループ八 被虐待女性たちの回復（その一）」『こころの科学』五〇、一九九三年、八九―九四頁
(24) 斎藤学「こころとセルフヘルプ・グループ九 被虐待女性たちの回復（その二）」『こころの科学』五一、一九九三年、一〇六―一一一頁
(25) 野本律子 わたしたちのシェルター活動・家族機能研究所ワークショップ 家族のなかの闇「夫の暴力と児童虐待」、

一九九八年四月二五日開催
(26)読売新聞「都内の「女性シェルター」来月で一年 夫の暴力逃れ自立目指す同じ境遇同士で語り合い 立ち直りのきっかけに これまで一四人が利用」一九九四年三月一四日
(27)佐賀新聞「被害女性民間シェルター運営委員野本律子さん体験語る 夫の暴力 被害者に必要な避難所」一九九六年三月四日
(28)AWS運営委員会『AWS女性シェルターたより』一三号、一九九九年
(29)AKK女性シェルター運営委員会『AKK女性シェルターたより』No.4、一九九六年
(30)AKK女性シェルター運営委員会『AKK女性シェルターたより』年末特別号No.6、一九九七年
(31)AKK女性シェルター運営委員会『AKK女性シェルターたより』No.9、一九九八年
(32)AWS運営委員会『AWS女性シェルターたより』一五号、二〇〇〇年
(33)AWS運営委員会『AWS女性シェルターたより』一六号、二〇〇〇年
(34)AWS運営委員会『AWS女性シェルターたより』一七号、二〇〇〇年
(35)AWS運営委員会『AWS女性シェルターたより』一九号、二〇〇一年
(36)AWS運営委員会『AWS女性シェルターたより』二一号、二〇〇一年
(37)AWS運営委員会『AWS女性シェルターたより』二七号、二〇〇三年
(38)内藤和美「日本の女性学といくつかの課題」『群馬パース看護短期大学紀要』三（一）、二〇〇一年、一九〇―二一〇頁
(39)AKK女性シェルター運営委員会編『暴力の関係に悩むあなたへ～暴力被害女性を支援するために～』AKK女

性シェルター運営委員会、一九九五年

(40)朝日新聞「夫の暴力には…女性らが手引書」一九九五年六月一四日

(41)ＮＰＯ法人女性ネットさやさや Saya-Saya
https://saya-saya.net、二〇二一年三月一〇日閲覧

(42)ＡＷＳ運営委員会『ＡＷＳ』二九号、二〇〇四年

(43)ＮＰＯ法人ＲＲＰ研究会編「コンカレントプログラムマニュアル―日本におけるＤＶ被害母子同時並行プログラム実践報告―」ＮＰＯ法人ＲＲＰ研究会、二〇一〇年

(44)波田あい子「実践報告 ドメスティック・バイオレンス被害母子への回復プログラム 地域での母子同時並行プログラム七年間の実践報告」『アディクションと家族』三五（一）、二〇二〇年、三九―四七頁

(45)ＡＷＳ運営委員会『ＡＷＳ女性シェルターたより』二四号、二〇〇二年

Ⅲ章

「女性への暴力・駆け込みシェルター・ネットワーキング」設立から「ＤＶ防止法」制定へ

波田　あい子

Ⅲ章では、第二波フェミニズムの思想に与する各地の民間の女性たちによるシェルター開設の動き、そして、必然ともいえる形で全国ネット化を組んで法制定に向かっていくさまを、その渦中にいたひとりである本章の筆者の目と当時の諸資料をもとに記している。

ここに記した一連のシェルター活動の原動力は、ＤＶ被害女性のひどい窮状、人権無視を知るフェミニストたちの怒りであった。

1　全国のシェルターがつながる

「第4回 ＡＫＫ女性シェルター活動報告会＋ジョイント・シンポジウム」１９９７年2月22日

日本の女たちのシェルター・ムーブメント

ＤＶ被害女性シェルターの全国ネット化の過程には、いくつかの契機と段階があった。その最初の契機は、１９９７年2月22日に開催された「第四回ＡＫＫ女性シェルター活動報告会」（以下、第四回報告会）であった（資料③８３ページ）。この第四回報告会が、各地でシェルターを始動させていたグループが集う「ジョイント・シンポジウム」となり、これが全国ネット化の契機となったのである。

「ＡＫＫ女性シェルター」は、シェルター開設の年の１９９３年から毎年一回、一般の参加者も募った活動報告会を開いて、ＤＶ問題の理解を社会に広げる運動をしていた。

「ＡＫＫ女性シェルター活動報告会」第一回から第三回までの内容

■第一回「四回連続講座」１９９３年７月～９月（せたがや女性センター）
講座タイトル「暴力の女性学―親密な関係のなかの暴力を考える」
（１）暴力を育む関係と家族の諸例　波田あい子（ＡＫＫ女性シェルター運営委員／東京都精神医学総合研究所 研究員）
（２）治外法権としての家族　角田由紀子（弁護士）
（３）アメリカにおける女性シェルターの運営と支援　吉浜美恵子（カリフォルニア大学ロスアンゼルス校 社会福祉学博士課程）
（４）暴力夫に決別するとき　ＤＶ被害当事者女性

■第二回講演会「ＵＳＡのシェルターに学ぶ」１９９４年１２月２日（せたがや女性センター）
（１）ＵＳＡの二カ所のシェルターを見学して～　納米恵美子（ＡＫＫ女性シェルター運営委員）
（２）Battered Women's Alternative のプログラムから学ぶこと～アメリカ調査研究から
波田あい子

暴力被害女性の避難所
AKK女性シェルター活動報告会

'96.3.19

どうやってつくる
民間シェルターQ&A

■プログラム
AKK女性シェルター報告
体験者からのメッセージ
調査報告：波田あい子（和光大学講師）
＜中・高校生の性的被害の実態について＞
――「青少年の性行動調査」（1993年）より
NGO世界女性会議95参加報告
なんでもQ&A

SANDRA TORRIJOS

■日時　96年3月19日（火）午後6時より
■会場　東京ウィメンズプラザ
　　　　視聴覚室
■参加費　1000円（資料代）

わたしたちは、1993年4月にバタードワイフからの回復者たちを中心として暴力被害女性のための女性シェルターを設立、民間シェルターとして運営してきました。3年目の活動報告会は、シェルターづくり、プログラムに関心のある方々のどんな質問・疑問にも、私たちの経験から話せることをお伝えする機会にしたいと思います。

ある精神病院に、夜中に半狂乱でかけ込んできた女性をともかく一晩、閉鎖病棟に入れ、翌日よく事情を聞いてみると夫の暴力で命からがら逃げてきたと分かったという話を、つい最近聞きました。この女性は精神病院を出たらどこに行けばいいのでしょうか？　「どこの街にも1つはシェルターを！」というスローガンを掲げたいところですが、なんとも現実味のないのが残念でなりません。

こんなスローガンを堂々とあげられる日のための、第一歩になればという趣旨の報告会です。

■問い合わせ先　TEL03-3329-0122（AKK事務局）

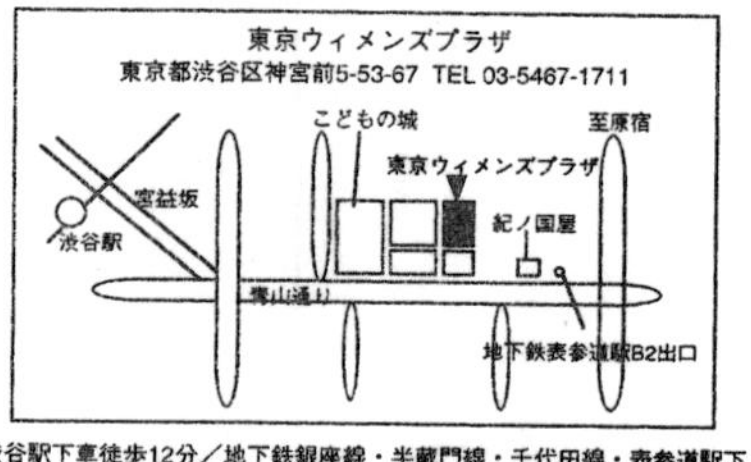

JR渋谷駅下車徒歩12分／地下鉄銀座線・半蔵門線・千代田線・表参道駅下車徒歩7分／都バス（茶81・渋88系統）渋谷駅～青山学院前下車徒歩2分

資料①　毎年開催していた「ＡＫＫ女性シェルター活動報告会」
「どうやってつくる民間シェルターQ&A（1996年3月19日）」のちらし

＊この第二回の記録は、『ＡＫＫ女性シェルターだより』№１に掲載
＊当日会場参加者は七〇名

■第三回「どうやってつくる民間シェルター・Ｑ＆Ａ」　１９９６年３月（東京ウィメンズプラザ）
（資料①）
＊この回の詳細は記録がなく不明

全国ネット化の契機となった、１９９７年の第四回報告会で当初予定していたテーマは、「どうやってつくる民間シェルター」であった。そして、呼びかけを始めてみると、七つのシェルターがジョイントすることになったのである。それまで個々のグループ間で連絡を取り合うことはあったが、グループ同士で集まることはなかった。

これは、例年の活動報告会とは性質がいささか違ってくるとの実感が私の中に湧いてきた。そこで開催当日に急きょ白墨を持って、黒板に書いてあったテーマを「日本の女達のシェルタームーブメント」と書き換えたのであった（資料②次ページ）。

この時ジョイントしたのは、次の七つのシェルターであった。

・女のスペース・おん（札幌）

・かけこみ女性センターあいち（名古屋）
・ウィメンズネットこうべ（神戸）
・女のスペース・にいがた（新潟）
・ウィメンズハウス・とちぎ（栃木）
・スペース・えんじょ（大阪）
・FTCシェルター（東京）

この「第4回AKK女性シェルター活動報告会＋ジョイント・シンポジウム」（以下、ジョイント・シンポジウム）（資料③）の司会を務めた私は、この日のために書いたメモに次の三つのテーマ案を記していた。それは、①ここに集ってお互いに元気になろう、②ドメスティック・バイオレンス問題対策はシェルター開きから始まる、③日本の第二波フェミニズムはなぜこれまでこの問題を掬い出せなかったのだろうか？であった。

この日、①と②は大いに盛り上がった論議に

資料②　急きょ考えたテーマを黒板に書いた
一番左が筆者、すぐ隣が近藤さん、その隣が西澤さん

第４回AKK女性シェルター活動報告会＋ジョイント・シンポジウム

どうやってつくる民間シェルター

ジョイント
札　幌　女のスペース“おん”
名古屋　女性のためのシェルターをつくる会
神　戸　ウイメンズネットこうべ
東　京　東京フェミニスト・セラピィ・センター
主　催　AKK女性シェルター（東京）

日時：'97年2月22日（土）　午後１時30分～５時
会場：国立オリンピック記念青少年総合センター
渋谷区代々木神園町3-1（TEL 03-3467-7201）
参加費（資料代とカンパ）　1000円

プログラム
体験者からのメッセージ
AKK女性シェルター活動報告
ジョイント・シンポジウム「どうやってつくる民間シェルター」
各地のグループからの状況報告
ディスカッション「日本の女たちのシェルター・ムーヴメント」

風はシェルター・ムーヴメント

AKK女性シェルターは、1993年４月にバタードワイフからの回復者たちを中心に設立された、暴力被害女性のための民間シェルターです。毎年独自で活動報告会を開いてきましたが、今回は「たいへんだけど、やるっきゃない」と動きだした女たちと顔を合わせたい気持ちから、ジョイントを思いたちました。小さくても風はムーヴメント、日本の女たちによるシェルター・ムーヴメントです。
問い合わせ：tel 03-5443-4964（ヘルスワーク協会内・三井）

交通：小田急線参宮橋駅下車　徒歩５分
地下鉄千代田線代々木公園下車
徒歩11分（代々木公園西門出口）

資料③　サブタイトルを＜風はシェルタームーブメント＞とした
「第４回ＡＫＫ女性シェルター活動報告会＋ジョイント・シンポジウム」のちらし

なった。しかし、③は主題として取り上げる余地もなかった。後に思えばそれは当然で、集まった女性たちは何とかしてシェルターを作らねばと必死で、そんな理屈を考える暇はなかったのである。

会場となった国立オリンピック記念青少年総合センターには、予想を上回る八〇名もの参加者が集まり、壇上のシンポジストたちの間にも、フロアの雰囲気にも〈事が始まる〉予感のような熱気があふれていた。会場で配布したアンケート用紙（回収票は約四〇枚）に記された参加者の属性等は、「AKK女性シェルター」を含めた八つのシェルターのスタッフを除くと、母子寮等の福祉施設関係者、DV被害当事者と思われる女性、新聞の催し欄を見て関心を抱いた人、メディア関係者などであった。

ジョイント・シンポジウムを終えた〈その日〉、翌年の大会が決まる

そして、ジョイント・シンポジウムが終わると、シンポジストたちと各シェルターのスタッフたちは誰言うともなく場を移し、今後どうするかの話し合いを持った。その場でシェルター支援の全国ネットということが、私自身の中でも、また集まったメンバーの中でも必然といえる形になっていたのは確かだ。

その集まりの場で、「女のスペース・おん」の世話人代表である近藤恵子さんが「来年、今回と同じ月、6月に全国シンポ開催を札幌で引き受けます！」と手を挙げられた。そこにいた全員が驚きと共に「YES！」と合意し、1998年6月の全国シンポの札幌大会開催が決定した。ここから、全国ネット体制の構築と札幌大会の準備にとりかかることになるのである。

◆インタビュー◆

近藤恵子さんに聞く「世界のシェルター・ムーブメントとの出会い」

◆今回のインタビューは、女性シェルター個々の活動から「全国女性シェルターネットワーク」設立への運動展開について、資料化されていないことを含めてお話を聞かせていただきたいという趣旨です。

私たちは1993年に「女のスペース・おん」を立ち上げていました。1996年12月に波田さんが札幌の事務所においでくださって、シェルター・ムーブメントを起こそうという話をその時最初にしました。

◆その時、ネットワーク化したいという気持ちは、波田さんが持っていたのでしょうか。そして、近藤さんはどんなふうにお考えでした?

1995年に「北京会議」があった時、「北海道の女性の人権実態調査」というプロジェクトをまとめた資料を持って「NGOフォーラム」に行きました。そこから、世界中のいろいろなシェルター・ムーブメントに関わる皆さんとお付き合いを始めさせていただくことになったわけです。帰ってきてすぐ、そこで出会ったカリフォルニアの方などのつてで、アメリカ広報文化省の視察留学に推薦されて、一カ月滞在費無料でいろいろなところを視察させていただくことになりました。

◆あちらのいろいろなシェルターの活動を……。

そうです。札幌のアメリカ領事館から道を開いていただいて、1996年に一カ月ほど、アメリカの西から東までシェルターの視察をしました。全米を廻ってきた後に札幌で第一回の国際シンポジウムを開催しました。サンフランシスコの女性シェルターをやってらしたベッキー・マサキさんたちとご一緒して。それはとても大きな流れになったんじゃないかと思います。その国際シンポジウムでの実績があったので、次の年、東京のジョイント・シンポジウムの後の話し合いの時に、「全国シェルターネットの第一回大会は札幌でやらせてください」と言って、なんとかスタートさせることができた、というのが経過だったと思います。

2021年11月
(インタビュアー・内藤 和美)

前述のインタビューにあるような経緯を長く知らずにいた私は、近藤さんの「来年の札幌大会の開催

を引き受けます」という即断はなぜなのかと、当時から不思議に思っていた。近藤さんは、その時すでに、そうした実績と心の準備が整っていらしたのだ。数十年も経た後に、「そうだったのか」と胸に落ちた次第である。

「全国ネットのための準備会議」1997年6月8日

柔軟さ、やわらかい連帯を目指して

先のジョイント・シンポジウムから、およそ四カ月後の1997年6月8日、東京のアルカディア市ヶ谷（私学会館）において、札幌大会に向けた「全国ネットのための準備会議」（以下、準備会議）を持った。この日の参加グループは次の一一カ所、二一名が集合した。

・AKK女性シェルター（東京）
・ウィメンズハウス・とちぎ（宇都宮）
・女のスペース・おん（札幌）
・女のスペース・にいがた（新潟）
・かけこみ女性センターあいち（名古屋）
・スペース・えんじょ（大阪）
・女性の家サーラー（横浜）

・ＦＴＣシェルター（東京）
・日本キリスト教婦人矯風会女性の家ＨＥＬＰ（東京）
・ミカエラ寮（横浜）
※横浜フォーラム・相談グループ（特例参加）

会の名称は「女性への暴力・駆け込みシェルター・ネットワーキング」と決まった。その準備会議は「ＡＫＫ女性シェルター」が開き、そして主たる準備事務は私が担当した。当時の私の準備メモを見ると、「〈柔軟さ、やわらかい連帯〉を旨としたい」と記している。

この準備会議をもって、女性シェルターの全国的なネットワークが成立し、第一回札幌大会開催への準備が整ったのである。当日の会議記録(1)はＦＴＣシェルター（東京）の平川和子さんによって詳細に書かれ、最後に「平川の感想」として「記録を読み直しながら、それぞれの人がそれぞれの立場で活動しているだけに歴史とエンパワーを感じました。ひとつにまとまるよりも、独自性を大事にして、ネットワークするおもしろさを大事にしたいと思いました。エンパワーメントとコネクションを願って」としめくくっている。

「札幌大会開催準備に向けて意見集約」　1998年1月16日付

問題は大きいけれど楽観的な未来イメージ

先の準備会議から約半年後の札幌大会に向けての具体的な企画について、1998年1月16日付で文書による各シェルターからの意見集約を行っている。その中で、「シンポジウムの目的とイメージ」について、私は次のように記していた。①広く市民に呼びかけを行って、関心を喚起する（二〇〇〜三〇〇人を推定）、全国からDVシェルターを中心に支援活動を行う女性たちが集い、女性に対する暴力に関する問題の取組を前進させるウェーブが形成されていることをアピールする、参加者相互が問題の大きさにもかかわらず元気で楽観的な未来イメージを持てる、そんなシンポにしたい。

この②に「参加者相互が問題の大きさにもかかわらず元気で楽観的な未来イメージを持てる、そんなシンポにしたい」と記したその当時の心境は、重大な事がらがまさに動き出そうとしていることへの期待、そして不安であった。

2　初の全国大会、さまざまな立ち位置の支援者が集まって

「第一回大会　女性への暴力・駆け込みシェルターネットワーキング―札幌シンポジウム」1998年6月20〜21日

当事者の女性が体験を語る

日本における初めての民間女性たちによる全国女性シェルターネットの大会がいよいよ開催となった。第一回大会「女性への暴力・駆け込みシェルターネットワーキング―札幌シンポジウム」（以下、札幌大会）、その構成は初日の公開シンポジウムと二日目の四つの分科会・ワークショップである（資料④⑤）。

公開シンポジウムの基調報告一では、私がこの札幌大会の直前の三月に公表された東京都の「女性に対する暴力調査」(2)(3)の結果報告を行った。この東京都による調査は我が国で初めて統計学の手続きを踏んだ、対女性暴力に関するデータであり、そして、その調査結果は、日本のDV問題の広がりが一般的な想定を超える深刻なものであることを明らかにしたのである。

基調報告二では、平川和子さんが「フェミニスト・セラピーの現場から」と題した報告を行った。札幌大会コーディネーターの近藤恵子さんは北海道における実践報告を行った。

分科会は四つに分かれていて、第一分科会は「関連諸機関との連携」、第二分科会は「法システムの

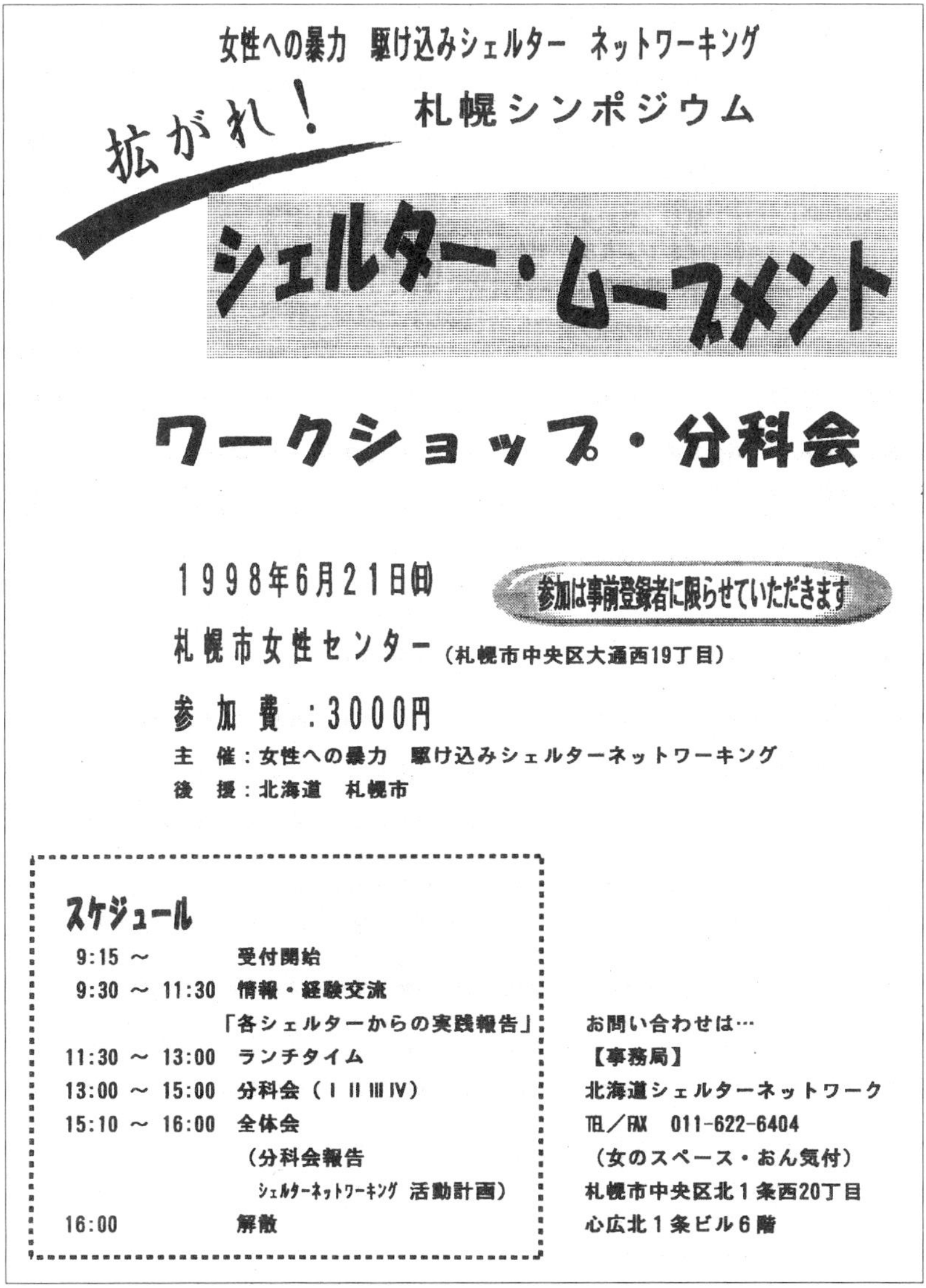

女性への暴力　駆け込みシェルター　ネットワーキング

拡がれ！　札幌シンポジウム

シェルター・ムーブメント

ワークショップ・分科会

1998年6月21日(日)

参加は事前登録者に限らせていただきます

札幌市女性センター（札幌市中央区大通西19丁目）

参加費：3000円

主　催：女性への暴力　駆け込みシェルターネットワーキング

後　援：北海道　札幌市

スケジュール

9:15 ～	受付開始
9:30 ～ 11:30	情報・経験交流「各シェルターからの実践報告」
11:30 ～ 13:00	ランチタイム
13:00 ～ 15:00	分科会（Ⅰ Ⅱ Ⅲ Ⅳ）
15:10 ～ 16:00	全体会（分科会報告　シェルターネットワーキング 活動計画）
16:00	解散

お問い合わせは…

【事務局】

北海道シェルターネットワーク

TEL／FAX　011-622-6404

（女のスペース・おん気付）

札幌市中央区北１条西20丁目

心広北１条ビル６階

資料④　「第１回大会 女性への暴力・駆け込みシェルター・ネットワーキング
―札幌シンポジウム」のプログラム表紙

6月21日(日)　ワークショップ・分科会内容

午前（ 9:30 ～ 11:30 ）

情報・経験交流
「各シェルターからの実践報告」
第一研修室（分科会参加者全員）

午後（ 13:00 ～ 15:00 ）

第一分科会　（第二研修室）
「関連諸機関との連携」
ｺｰﾃﾞｨﾈｰﾀｰ　波田　あい子（AKKｼｪﾙﾀｰ）
　　　　　近藤　恵子　（駆け込みｼｪﾙﾀｰ）

第三分科会（第一研修室）
「シェルター運営の諸問題」
ｺｰﾃﾞｨﾈｰﾀｰ　平川　和子（FTCｼｪﾙﾀｰ）
　　　　　堀　　琴美（駆け込みｼｪﾙﾀｰ）

第二分科会（視聴覚室）
「法システムの運用と課題」
ｺｰﾃﾞｨﾈｰﾀｰ　成田　教子（弁護士）
　　　　　秀嶋ゆかり（弁護士）

第四分科会（ﾜｰｸｼｮｯﾌﾟ）（第三研修室）
「自助グループ」
ｺｰﾃﾞｨﾈｰﾀｰ　納米　恵美子（AKKｼｪﾙﾀｰ）
　　　　　波多野　律子（AKKｼｪﾙﾀｰ）

分科会に参加される皆様へのお願い

この分科会・ワークショップでは、ケース（事例）やサポート業務にかかわる具体的な報告がなされます。被害者救済活動とシェルター相互のパワーアップの趣旨をくみ取り、ご本人が了承してくださったケースに限り、氏名や個人情報を伏せて紹介させていただいています。が、それでも、ご本人がいまなお苦しみや恐怖心を抱き続けているという前提に立ち、当事者のプライバシーと安全確保のため、私たちは次のことをお願いいたします。

⑴写真、録音、ビデオ撮影などの記録は、事務局がおこないます。
　個人でされる記録は、筆記のみでお願いします。
　記録したものは、事務局が責任もって保管しますが、カメラに
　写りたくない方は、カメラマンに合図してください。
⑵ケース報告は、色つきの紙を使用しています。退室前に回収資料を
　コーディネーターにお返しください。
⑶ここで共有されたケース（事例、ご本人のお話）の詳細について、
　印刷物による報告への掲載はご遠慮ください。

お問い合わせは…
◆◆事務局　北海道シェルターネットワーク◆◆

資料⑤　「第１回大会 女性への暴力・駆け込みシェルター・ネットワーキング
―札幌シンポジウム」のプログラム　ワークショップ・分科会内容

運用と課題」、第三分科会は「シェルター運営の諸問題」であった。そして、第四分科会は「自助グループ」というテーマで、DV被害女性によるグループ・ミーティングが持たれたのである。

いずれの分科会も、日本で初めてDVを解決すべき大きな社会問題として公然と論議する場となった。中でも、DV被害当事者のみによる「自助グループ」をひとつの分科会として行ったことは〈歴史的〉といえる。なぜなら、巧妙に隠蔽されてきたDVを、被害当事者たちが自身の体験を語り分かち合うという形で公にしたのは、これが最初だったからである。

札幌大会の参加者数は実数で九二名であった。その内訳は、①一五カ所のシェルターから計六五名、②関係機関から一七名、③個人参加九名、④メディア一名、であった。

朝日新聞夕刊（1998年6月20日）には「〈民間避難所〉が急増―全国ネット・札幌でシンポ」の記事が掲載された。

札幌大会終了後に私が書いた「第一回全国シェルター・ネット札幌シンポジウムを終わって」の一文がある。一部引用する。

草の根のグループの女たちが、夫の元から逃げ出し安息の場を求める女たちを支援しようと活動を始める。すこしばかり前の日本で、こんな光景がここかしこに起こると想像できただろうか。数日前から、はじめてシェルター全国ネットの集いの実現に不思議な緊張を感じていた（中略）シンポは顔見知りが半分、初めてみる方たちが半分くらい、いずれにしろシェルターにかかわる活動をしている女性たちが、一〇〇人ほどの会場のほとんどだった。私の思い過ごしか、一堂に会していることの期待と不安が入り混じってぎこちなさすら漂っていたようだ。ともかく足を運んで集まれてよかった（中略）違いを認めて集まれば、ずっと大きな力になると確信できた会でした。

札幌大会、会場の〈空気〉

今思い返しても、あの札幌大会という集まりの緊張感は特殊なものだった。その理由はおそらく、二つあったと考えられる。

この大会を主催した集団は、第二波フェミニズム運動の流れを汲むDV被害者支援を志す女性たち、もうひとつの参加者集団（従来から暴力被害女性の保護・支援を陰ながら支えてきた女性たち―ここにはキリスト教関連の施設運営を支えてきた女性たちも含まれる）、そして、社会福祉関連施設において職員として動いてきた女性たちであった。この三者の入り混じった会場となったところからくる、一種の相互違和感が醸し出す緊張であったと考える。この三者の集団はDV被害者支援にどのようなスタンスで向き合うかについて、おそらくかなり大きな違いを持っていたと考えられる。

また、もうひとつの理由として、初めての「全国」と大きく謳ったこのシェルター・シンポジウムが成功裡に終え得るであろうかという主催側の期待、そして不安によるものであったであろう。

幸い、この日本初の全国女性シェルターネット大会は成功といえる形で締めくくることができた。これは、女性に対する暴力、中でもこれまで隠蔽され続けてきた最も身近で起こっている暴力に対する世界中の女性たちの抗議と、シェルター開設運動を起こして被害者支援に乗り出し、地球規模の世論を動かした、そのムーブメントに後押しされたところであった。そしてまた、初めての全国大会開催を引き受けられた近藤さんと「女のスペース・おん」の皆さん、そして、北海道シェルター・ネットワークの連帯と勇気によるものである。

こうして、バトンは順調に翌年六月開催予定の新潟の方々に手渡された。

3 〈夫からの暴力〉か〈DV〉か、名付けが議論に

「第二回大会　全国シェルター・シンポジウム　in　にいがた―ストップ！女性・子どもへの暴力」
1999年6月12～13日

札幌大会からの思いを引き継ぐ

札幌大会から一年後の大会は「第二回大会 全国シェルター・シンポジウム in にいがた―ストップ！女性・子どもへの暴力」（以下、新潟大会）（資料⑥次ページ）。タイトルの通り、「全国シェルターネット」と名乗ることに違和感のない大会となった。札幌大会から一年経過する間にDV問題に対する日本の世論も大きく進展していた。

女のスペース・にいがた
5周年記念

全国シェルター・シンポジウム in にいがた

ストップ！女性子どもへの暴力

１９９９年6月１２日〜１３日

主催：女のスペース・にいがた

後援 ： 新潟市 / 新潟県 / 新潟県弁護士会 / 新潟県女性財団

資料⑥ 「第２回大会 全国シェルター・シンポジウム in にいがた
―ストップ！女性・子どもへの暴力」のプログラム表紙

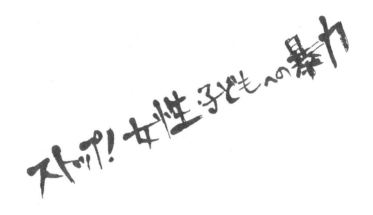

そのことを表すように新潟大会には、全国二〇カ所を超える民間シェルターから五四名の運営関係者が参加、さらに婦人相談所から九名、自治体職員が五名、母子生活支援施設が一名、その他、メンタルヘルス専門職や市民団体関係者が二六名、メディアから四名と、合計九九名の事前登録参加者たちが集結した。初日の基調講演とシンポジウムは一般公開されたため、このテーマに関心を持つ市民の姿もかなり見受けられ、総勢二八〇名の参加者が新潟市民プラザ・エントランスホールに集結した。

この新潟大会の主催は、1994年に女性のための相談・支援の窓口を開いた「女のスペース・にいがた」で、大会委員長はその専従スタッフとして尽力されてきた西澤眞知さん（現所属はウィメンズ・サポートセンター）である。西澤さんは「ともかく札幌で始まったこの会を次につなげなければ」との思いから、『次は新潟でぜひ』と申し出た」と話した。また、西澤さんは新潟大会報告書の巻頭文の中で、この大会を開くに至る道のりをこう語っている。「1994年春、日本海側で初めて、ささやかな女性のための相談・支援の窓口を開いた『女のスペース・にいがた』が、五周年の節目に全国シンポを開くことができました。女のスペースの五年間は、スタッフの血と汗と涙と、会費を払い続けてくださった多くの会員によって支えられてきました」と。この西澤さんの心情は、全国各地でシェルター開設運動を担った女性たちのグループに共通する体験に違いない。

大きな成果「ドメスティック・バイオレンス」と命名

新潟大会の大きな成果として特筆すべきことは、最終日の「大会アピール」を決議できたことである。その内容は、日本で初めてドメスティック・バイオレンス対策の基本を明記するものであった。次にその「アピール」全文を転載する。

「アピール」

女性に対する暴力は、基本的な人権の侵害であり、個人の問題にとどまらず社会構造的な問題であるとの共通認識のもとに、私たちはあらゆる「女性への暴力」根絶をめざして活動すると共に、国や地方自治体に対して下記のことを要請します。

一、「ドメスティック・バイオレンス（DV＝夫や身近な男性からの暴力）」は犯罪であるとの社会的認知を広げるために、教育・啓発活動を徹底すること。

一、「ドメスティック・バイオレンス」の実態調査を行い、民間シェルターの経験を反映した施策を展開し、民間女性シェルターへの財政支援を拡充すること。

一、実効ある「DV防止法」の早期制定に向けての取り組みを行うこと。

一、「被害女性」に対して、尊厳をもって再び自己信頼を取り戻し社会生活ができるような救援体制をつくると共に法整備をすること。

一、加害者が自らの暴力性を克服するために、罰則を含めた法整備をし、カウンセリング等自助努力を促進するためのシステムをつくること。

1999年6月13日

「ストップ！　女性・子どもへの暴力〜全国シェルター・シンポジウム・in にいがた」参加者一同

この「新潟大会アピール」は、全国ネットワーク化してまだ二回目の大会であったにもかかわらず、ドメスティック・バイオレンス対策に欠かせない基本的な問題を明確に提起したものとなっている。中でも「ＤＶ防止法」の早期制定が喫緊のＤＶ対策課題であることを明記している。

また、新潟大会では英語のDomestic Violenceをそのまま生かした「ドメスティック・バイオレンス」を使用するのか、「夫・パートナーからの暴力」にするのかと両論があり、論議がなされた。そして、アピール文の冒頭に記されているとおり、今日において通称となっている「ドメスティック・バイオレンス」（ＤＶ）を用いることが決議されたのである。

新潟大会がその後の道すじを作った

新潟大会は、初日午後の基調講演、続いてシンポジウム、そして、夕方からの交流会と続き、二日目は午前中を使って、六つの分科会に分かれ論議がなされた。そして、午後は全体会となり、午前の各分科会からの報告、そして大会を締めくくる決議として前述の「大会アピール」が採択された。

この新潟大会の構成は、日本の「ＤＶ防止法」制定に大きく寄与した翌２０００年の東京大会においても継承され、その後に続くシェルターネットの全国大会でも受け継がれることになった。次に詳しい内容を記す。

基調講演には韓国性暴力相談所のチェ・ヨンエ所長をお招きした。講演テーマは「韓国の〈女性への暴力〉の実態と〈性暴力禁止法〉について」であった。日本の「ＤＶ防止法」制定は２００１年と遅れたが、韓国ではすでに1997年「ドメスティック・バイオレンス防止及び被害者保護法」が成立していた。この基調講演のコーディネーターであった私には、隣国でのいち早いDVに関する法の成立が日本の「DV防止法」制定を促すことにつながればとの思いがあった。

続くシンポジウムのテーマは、「〈女性への暴力〉根絶のために、いま私たちができること」であった。コーディネーターは、新潟大会実行委員長の西澤眞知さん、シンポジストは、当時においてDV対策を考えるに欠かせない次の各分野の4名の方々であった。

・井上摩耶子さん（ウィメンズカウンセリング京都代表）
・近藤恵子さん（女のスペース・おん世話人代表）
・津和恵子さん（「北京JAC」暴力防止法コーカス座長）
・斉藤文栄さん（参議院議員・福島瑞穂さんの代理）

六つの分科会のテーマは次の通りで、二時間三〇分を使ってそれぞれ論議がなされた。

・分科会① 関連諸機関との連携
・分科会② 法システムの活用と課題そして「暴力禁止法」へ
・分科会③ シェルター運営の諸問題
・分科会④ シェルターに関わるスタッフの諸問題
・分科会⑤ 外国人に関する諸問題
・分科会⑥ 語り合おう〈サバイバーのつどい〉

この分科会⑥はDV被害体験者のみによる自助グループである。先の札幌大会においては分科会名「自助グループ」として開かれている。

そして、大会最終の全体会では、参加者一同の名で先述の「アピール」が決議された。

4 「DV防止法」制定の議論が活発に

「第三回大会　全国女性シェルターネット2000年東京フォーラム　私の生《いのち》は私のもの―女性と子どもに対する暴力の根絶をめざして」2000年6月24日〜25日

急速に「DV防止法」制定に向けて動き始める中での開催
2000年の「第三回大会全国女性シェルターネット2000年東京フォーラム　私の生《いのち》は私のもの―女性と子どもに対する暴力の根絶をめざして」(以下、東京大会)(資料⑦⑧次ページ ⑨104ページ)は、まさに「DV防止法」早期制定に強力な弾みをつける大会となった。民間シェルターを核とする支援者たちの熱気、世論の盛り上がり、そしてDV被害当事者である女性たちも声を上げ始めたのである。
一方で、この東京大会開催の二カ月前(2000年4月)には、共生調査会「女性に対する暴力に関するプロジェクト・チーム」が参議院に設置されていた。そして、共生調査会のプロジェクト・チーム

全国女性シェルターネット
2000年東京フォーラム

私の生《いのち》は私のもの

女性と子どもに対する暴力の根絶をめざして

6月24日㊏——25日㊐
東京都児童会館
東京ウィメンズプラザ

6月24日13:00—17:30
基調講演「地域に根づいたシェルター運動25年の成果」
マーサ・フライデー　ピッツバーグ女性センター＆シェルター代表
シンポジウム「私の生は私のもの——今、女性が手にしたい安全と自由」
稲川美也子+角田由紀子+森崎和江+マーサ・フライデー／コーディネーター平川和子

6月25日10:00—16:00
分科会
❶「私たちの欲しいDV防止法～300人アンケートをもとに」
❷「関係機関との連携を拡げよう～緊急介入のためのネットワークづくり」
❸「安全に健康に暮らすために～シェルターを出てからの生活」
❹「地域にシェルター活動を育てよう～財源・人材・援助者訓練等をめぐって」
❺「暴力被害を生き延びた人たちの自助グループ」
❻ ワークショップ「女性と子どもの心のケア」
ディスカッション＜21世紀へのメッセージ＞
スライド・ビデオ上映／全国民間シェルター情報のパネル展示／交流会とミニコンサート

◎全国女性シェルターネットは「女性に対する暴力」の被害女性と子どもを支援する各地の「駆け込みシェルター」が連携して暴力のない社会をめざし活動しています。

【参加費】講演会＆シンポジウム3000円/分科会3000円/交流会3000円
【保　育】有料・要予約
【問合せ】FAX 03-5608-6325
【主　催】FTC+AWS+全国女性シェルターネット
【後　援】東京都

資料⑦　「第３回大会 全国女性シェルターネット 2000 年東京フォーラム 私の生《いのち》は私のもの―女性と子どもに対する暴力の根絶をめざして」のプログラム表紙

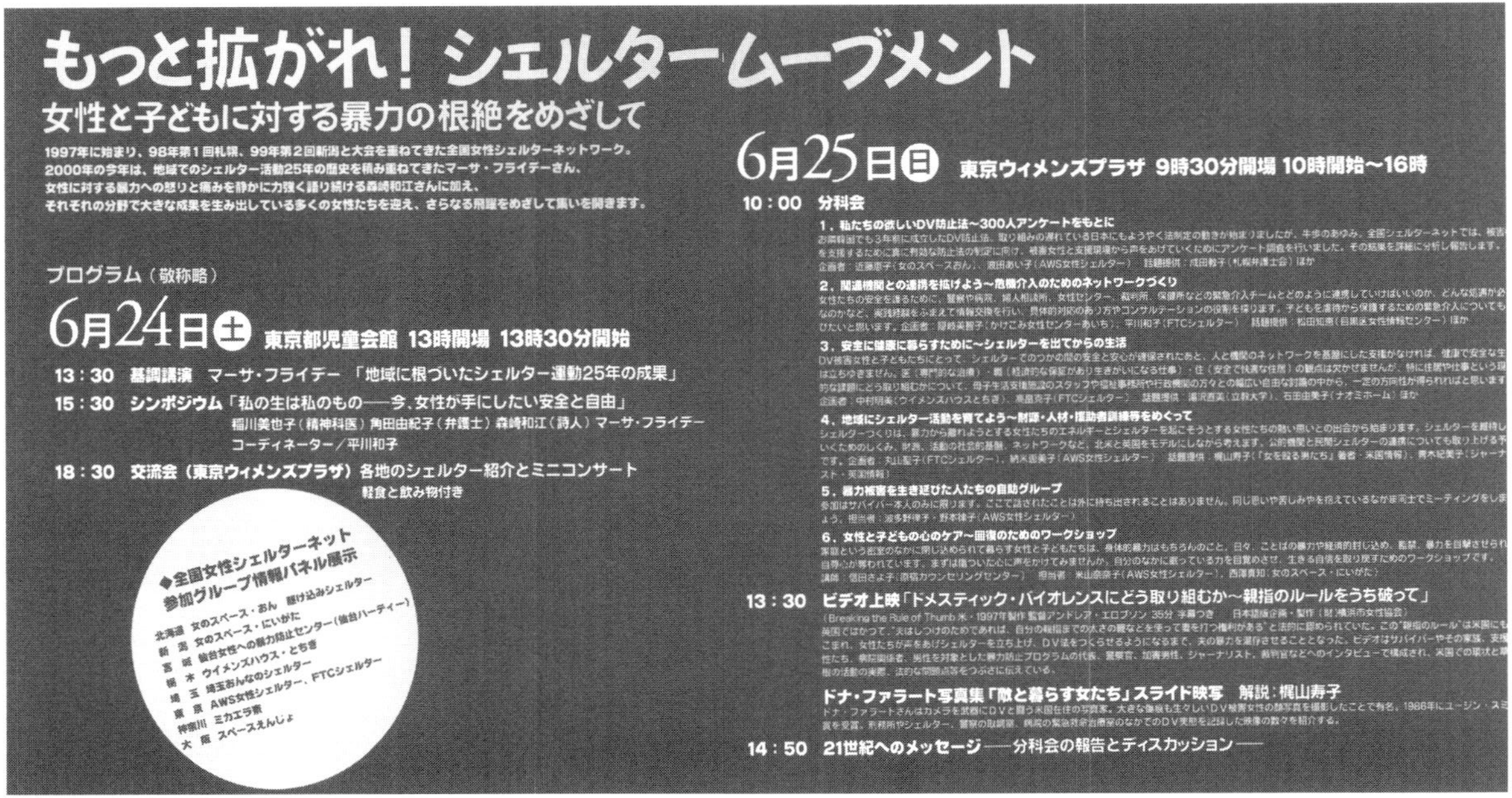

もっと拡がれ！ シェルタームーブメント

女性と子どもに対する暴力の根絶をめざして

1997年に始まり、98年第1回札幌、99年第2回新潟と大会を重ねてきた全国女性シェルターネットワーク。
2000年の今年は、地域でのシェルター活動25年の歴史を積み重ねてきたマーサ・フライデーさん、
女性に対する暴力への怒りと痛みを静かに力強く語り続ける森崎和江さんに加え、
それぞれの分野で大きな成果を生み出している多くの女性たちを迎え、さらなる飛躍をめざして集いを開きます。

プログラム（敬称略）

6月24日㊏　東京都児童会館　13時開場　13時30分開始

13：30　基調講演　マーサ・フライデー「地域に根づいたシェルター運動25年の成果」

15：30　シンポジウム「私の生は私のもの――今、女性が手にしたい安全と自由」
稲川美也子（精神科医）角田由紀子（弁護士）森崎和江（詩人）マーサ・フライデー
コーディネーター／平川和子

18：30　交流会（東京ウィメンズプラザ）各地のシェルター紹介とミニコンサート
軽食と飲み物付き

◆全国女性シェルターネット
参加グループ情報パネル展示
北海道　女のスペース・おん　駆け込みシェルター
新　潟　女のスペース・にいがた
宮　城　仙台女性への暴力防止センター（仙台ハーティー）
栃　木　ウイメンズハウス・とちぎ
埼　玉　埼玉おんなのシェルター
東　京　AWS女性シェルター、FTCシェルター
神奈川　ミカエラ寮
大　阪　スペースえんじょ

6月25日㊐　東京ウィメンズプラザ　9時30分開場　10時開始～16時

10：00　分科会

1．私たちの欲しいDV防止法～300人アンケートをもとに

2．関連機関との連携を拡げよう～危機介入のためのネットワークづくり

3．安全に健康に暮らすために～シェルターを出てからの生活

4．地域にシェルター活動を育てよう～財源・人材・援助者訓練等をめぐって

5．暴力被害を生き延びた人たちの自助グループ

6．女性と子どもの心のケア～回復のためのワークショップ

13：30　ビデオ上映「ドメスティック・バイオレンスにどう取り組むか～親指のルールをうち破って」

ドナ・ファラート写真集「敵と暮らす女たち」スライド映写　解説：梶山寿子

14：50　21世紀へのメッセージ――分科会の報告とディスカッション――

資料⑧　「第３回大会 全国女性シェルターネット 2000 年東京フォーラム 私の生《いのち》は私のもの―
女性と子どもに対する暴力の根絶をめざして」のプログラム中面

講　師　の　ご　紹　介

◎マーサ・フライデーさん　Martha Friday

1981年～現在まで　Women's Center & Shelter of Greater Pittsburgh 代表。米国ペンシルベニア州反ドメスティック・バイオレンス連合の理事長、女性問題に関する市長特別委員会・ルネッサンス執行委員、被害者支援に関する特別委員会委員、財団ユナイテッド・ウェイ市民による監査小委員会共同議長、ピッツバーグ反強姦運動委員などを経て、現在YWCA財務担当、青少年犯罪防止協議会諮問委員、親密な関係にあるパートナーからの虐待に関する連合運営委員、ペンシルベニア州司法長官特別委員会などで活躍。ペンシルベニア州知事を支えるチームでは、州の夫婦間強姦に関する法制、ＤＶに関する連邦ヒアリング、虐待からの保護法、推定逮捕法案（ＤＶと推定される状況証拠によって逮捕できるとする法案）などにかかわる。このほか、ＤＶをはじめとする女性と子どもに対する暴力の問題に関し証言や講演などを多数行っている。

マーサさんが代表をつとめる女性センター＆シェルターは、1974年に個人宅のキッチンに電話を引いてスタート。その後古い教会の地下室を借り、94年から500万ドル（約５億円）の寄付を集め、現在の大きな建物に移転。シェルターは１２室で子どもを含めて最多44人を収容、無料で30日間滞在できる。スタッフ51人のうち、３割がサバイバー、ほかにパート15人、ボランティアが80人働いており、１階は子ども支援センター、２階にシェルターとカウンセリングルーム、会議室などがある。25年におよぶ活動の成果により、ペンシルベニア州はカリフォルニア州と並びＤＶ取り組みの先進地となった。

撮影／藤 美津子

◎森崎和江さん

詩人、作家。1927年朝鮮大邱生まれ。44年福岡女専受験のため玄界灘を渡る。女専在学中敗戦。50年詩誌「母音」同人となる。弟の自死後炭坑町に移り、谷川雁らと「サークル村」を刊行。59年より女性交流誌「無名通信」を刊行。61年仲間内での強姦殺害事件に会い起きあがれず「無名通信」廃刊。以来、子育てのかたわら＜生とは、女とは、国とは、民族とは＞等々自問しつつ、若い男女の一夜宿の役をつとめる。現在福岡県宗像市に在住。詩集『地球の祈り』（深夜叢書社）著書『からゆきさん』（朝日文庫）『売春王国の女たち』（宝島）『大人の童話・死の話』『いのちを産む』（弘文堂）『いのち・響きあう』『愛することは待つことよ』（藤原書店）など。

◎角田由紀子さん

弁護士。1975年より活動を開始。主にセクシュアル・ハラスメント、強姦、ドメスティック・バイオレンスなどの事件を手がけ、性差別的な判断を逆転させる判例を積み重ねることに心血を注いでいる。ＤＶに出会ったのは1991年。夫を殺した女性の国選弁護人として、正当防衛を主張するＤＶの定義や理論を知らず、この時の悔いがDVに取り組む力の一部になった。東京強姦救援センター法律アドバイザー、性暴力裁判全国弁護士ネットワーク共同代表、女性の安全と健康のための支援教育センター共同代表。著書に『性の法律学』共著『ドメスティック・バイオレンス』（有斐閣）

◎稲川美也子さん

精神科医。浜松医科大学思春期外来、神経科浜松病院などを経て、現在国立療養所天竜病院勤務。性暴力・虐待・犯罪などによる女性や子どもの心的外傷、PTSDの治療と教育に携わる。静岡県警被害者対策連絡協議会アドバイザー、浜松市被害者支援連絡協議会委員、市民団体Ｓ＆Ｓネットワーク共同代表。性暴力被害女性の回復や癒しにとって表現することの大切さを提唱し、作品集『ことばをさがして』を出版。
Ｓ＆Ｓネットワークホームページ：http：／／member.nifty.ne.jp／S-SNET／index.html

資料⑨　「第３回大会 全国女性シェルターネット 2000 年東京フォーラム 私の生は私のもの―女性と子どもに対する暴力の根絶をめざして」のプログラム 講師の紹介

の勉強会にはシェルター活動を担っている民間シェルター支援現場スタッフが招かれるなど、事態は急速に「ＤＶ防止法」制定に向けて動き始めていた。

また、東京大会には、東京都の全面的な支援があり、初日のシンポジウムは渋谷の東京都児童会館を、二日目の分科会は東京ウィメンズプラザを会場とすることができた。会場には全国各地から、さまざまな専門分野の人たち、そして被害当事者を含む女性たち等々、六〇〇名を超える参加者が集結し熱気にあふれた。

東京大会は、東京の「ＦＴＣシェルター」と「ＡＫＫ女性シェルター」の合同主催で、実行委員長は平川和子さんが務めた。東京大会の充実した全容は次のとおりである。

◆一日目（6月24日 東京都児童会館）
・基調講演「地域に根づいたシェルター運動二五年の成果」マーサ・フライデー（ピッツバーグ女性センター＆シェルター代表）
・シンポジウム「私の生《いのち》は私のもの—今、女性が手にしたい安全と自由」稲川美也子・角田由紀子・森崎和江・マーサ・フライデー／コーディネーター平川和子
・交流会（各地のシェルター紹介とミニコンサート・軽食と飲み物付き）

◆二日目（6月25日 東京ウィメンズプラザ）

・分科会

①「私たちの欲しいDV防止法〜三〇〇人アンケートをもとに」

②「関係構築と連携を拡げよう〜緊急介入のためのネットワークづくり」

③「安全に健康に暮らすために〜シェルターを出てからの生活」

④「地域にシェルター活動を育てよう〜財源・人材・援助者訓練等をめぐって」

⑤「暴力被害を生き延びた人たちの自助グループ」

⑥ワークショップ「女性と子どもの心のケア」

・ビデオ上映「ドメスティック・バイオレンスにどう取り組むか〜親指のルールをうち破って」

・スライド映写「ドナ・ファラート写真集〈敵と暮らす女たち〉」

・分科会の報告とディスカッション「二一世紀へのメッセージ」

・全国シェルターネット参加グループ情報パネル展示

第一分科会　私たちの欲しい「DV防止法」

私が出席、司会を務めた第一分科会会場は、「DV防止法」制定への機運が高まる中、支援現場からの声と法制定に向けた政治面の動きが交錯する論議で熱気にあふれていた。この分科会には多様な立場の人たちが参加した。共生調査会「女性に対する暴力に関するプロジェクト・チーム」メンバーの堂本暁子参議院議員（当時）、総理府男女共同参画審議会会長、弁護士（男性弁護士も含む）、刑事法研究者、総理府男女共同参画局職員（個人参加）、そしてＤＶ被害女性当事者たちなどである。今、現在進行中の法制定へ向けての多くの情報が発信され論議されていく会場の雰囲気は、まさに圧巻であった。

尚、第一分科会は、「私たちの欲しいＤＶ防止法〜三〇〇人アンケート」（以下、三〇〇人アンケート）の報告を近藤恵子さん（女のスペース・おん）、コメンテーターに成田教子さん（札幌弁護士会）、司会進行を私が務めた。

三〇〇人アンケートのリアルな声

当日の録音をもとに近藤さんの報告を記す。三〇〇人アンケートは全国規模で、１９９９年暮れから２０００年３月にかけ、「全国女性シェルターネット」が企画・実施した。目的は「ＤＶ防止法」制定に向け、被害当事者が直面している困難をもとに、どんな法律が必要かを明らかにし提案することであった。設問回答は、ほとんどが記述式で、これを全国のシェルター、福祉施設等に三千通配布。結果、三〇〇通の回答が寄せられ、有効回答は二二三通であった。

回答者の属性のおよそ三分の一は、実際に被害に遭った当事者女性、三分の二は被害者と仕事で接する職業の方々（弁護士、医療関係者、ソーシャルワーカー、カウンセラー、警察関係者、行政担当職員など）であった。

「ＤＶ防止法が必要とお考えですか」の設問には「はい」（二一六人）、「いいえ」（四人）、無回答（三人）。「いいえ」の回答者はすべて弁護士で、「なぜＤＶ防止法が今必要ではないのか」について、「現状として今の日本の社会が持っている法律を、何とか実効性のある、即効性のあるものとして運用していけないか」、「DV防止法を作るよりも、今の刑法やさまざまな諸法律を被害者の側に立って動かしていく、そこに力を尽くすべきだ」というような意見が書かれていた。

こうした「いいえ」と回答した四人の弁護士からの「DV防止法は必要でない」とする意見について、コメンテーターの成田さんは、「私は、その方々はたぶん深刻なDVケースを経験していないのではないかと思うんです。あるいは、こういう問題があると思います。「DV防止法」は、その骨格の中の重要な点に保護命令があるわけですけれども、保護命令を出すにしても、執行するにしても、警察の権限を強化していかなければ、これは有効に活用できないんですね。それで、その警察の権限を強化することは、市民的な自由を制限することにつながるものですから、特に厳格に考えるべきだという意見は弁護士の中で強いのではないか。こういう考えはおそらく、実際にDV問題を扱っていない方の中には結構多いのではないかと思うのですね。男女共同参画審議会の暴力部会の中間とりまとめの中にも『そういう意見がある』と書かれていて、たぶんある程度、強い意見じゃなかったかという感じがします」と解説した。

次に設問の「事例あるいはこれまでのサポート経験の中で、当事者の安全にかかわる問題や自立支援への過程で困難をきたした問題について」の回答から、要望について優先順位が高かった項目を挙げる。

◆警察関連

①保護依頼—身に危険が迫っているときの保護依頼に関わる法的システムの整備が一番痛切な要

求として挙げられている。

②一一〇番通報―一一〇番通報したらすぐ来て欲しい。そして、暴力を制止し、被害者の命の安全を確保して欲しい。

③事前相談―事件が起こる前に何らかの形で防止する、その仕事を警察に担ってもらいたい。

◆離婚裁判

①接近禁止命令―これを一刻も早く出して欲しい。そして、離婚後の生活の安全を守ってもらいたい。

②調停に関わる問題―DVのような重大で危険が伴う事例の裁判においては、調停を回避し、即、裁判という方法を取れないか。

◆医療関係

①連携・通報システム―被害者をまた暴力の現場に戻すことなく、再出発の手だてを用意してもらいたい。

②健康保険証の扱い―追跡する加害者が妻や子どもたちの居場所を知るための「三つの神器」、住民票、学校・学籍、健康保険証。健康保険証を使わずに医療措置が講じられるDV特別対応をして欲しい。もう一方で、世帯単位になっている健康保険そのものを個人単位に切り替えることを同時にやっていかねばならない。

◆行政関連

①DV被害による女性と子どもの心的な障害に対するメンタルケアの問題

②住宅・就業支援、自立資金等の支援策について法的なシステムを整備して欲しい。
③DV研修・人権研修―警察、裁判所、医療、行政、学校関係など関係諸機関で働く方に対してのDVについての研修
④加害者更生プログラムの実施

まとめとして近藤さんより、「今回ここに出してあります「DV防止法」の骨子を皆さんと討論の上、具体的な法案の試案を作っていくスケジュールで、今仕事をしております。ドメスティック・バイオレンス防止法という名称の個別法として作りたい、女性への暴力禁止法、性暴力禁止法といった大きな枠での基本法もどうしても必要ですけれども、いま差し迫って家の中で殺されようとしている女性たちや子どもたちを救出するためのDV防止法が、この日本の社会にはどうしても必要だと私たちは考えています」とあった。

「保護命令」をめぐる攻防

上述の「三〇〇人アンケート」報告後の討議では、さまざまな意見や質問が出されたが、主たる論議は、いかにして保護命令条項を持つ「DV防止法」を実現させるかにあり、現在進行形の「DV防止法」制定をめぐる政治状況が開示された討議の場となった。この点に絞って、論議内容の要約を記す。

まず、政治状況としては、国会で「DV防止法」の立法化を視野に入れた共生調査会『女性に対する

暴力に関するプロジェクト・チーム』ができ（２０００年４月２６日）、自民党、民主党、共産党、公明党、社会党、新党さきがけ、この六つの党に所属する六人の女性議員がコアになっている。総理府・男女共同参画審議会の暴力部会も最終答申に向かって進んでいる。

しかし、一番の問題は保護命令にある。「日本で今、保護命令ができるはずがない」、「既成の法律で相当なところまでできる」という立場の弁護士や元検事の方々が多い。議員立法で法律を作るには参議院法制局を通さねばならないが、法制局の論理として、「家庭内の暴力で女性だけが対象になるのは、おかしい」、「母親から息子への暴力もあれば、逆に息子から母親への暴力もある」というのが大きな理屈としてある。女性への暴力をひとつの犯罪として定義することは、日本の法体系の中にある法概念がそれを許容するシステムになっていない。今度のチャンスはすごく大事にしなければならない。今、必要なことは、私たちが一番「欲しい」と思うものを理想高く掲げること、今日の「三〇〇人アンケート」のように掲げること。皆さんの大きな声、バックアップがなにより必要。来年一月、次の通常国会に出す予定になっている。法律を作るときにインプットできるようなドラフトを急ぎ出すことが重要。

前述のように、法制定過程において保護命令を持つ「ＤＶ防止法」の成立は大変難しい状況にあった。この点について、共生調査会「女性に対する暴力プロジェクト・チーム」の堂本暁子議員が著書『ＤＶ施策最前線』第三章「保護命令をめぐる闘い」で詳しく記述している[4]。そこでは、「〈保護命令はノー〉という法務省からの回答を受け取った」で始まり、続く記述で「三日後の６月２４日と翌２５日の両日、全国シェルターネット２０００東京フォーラム「私の生は私のもの―女性と子どもに対する暴力の根絶をめざして」が開かれた」と、自らも参加した第一分科会に言及している。

DV防止法に反映された要望書

東京大会の最も大きな成果は、やはり最終日の全体会において「〈女性に対する暴力の根絶をめざして〉に関する要望書」を作り上げ、決議できたことにある。この要望書には、1990年代初頭、第二波フェミニズムのエートスを汲むDVシェルター開設運動がこの日本において始まって以来、およそ一〇年を経て得た成果であったといえよう。「要望書」という題名であったが、そこに書かれた中身は「DV防止法」の草案と言ってよい内容であった。その全文を転載する。

「女性に対する暴力の根絶をめざして」に関する要望書

「女性に対する暴力」は、女性の基本的人権を侵害し、また、男女間の対等な協力と信頼関係を破壊するがゆえに、社会全体に深刻な影響をもたらす重大な社会問題です。国連特別総会「女性2000年会議」最終合意文書には、女性に対するいかなる形態の暴力も処罰可能な違法行為であり、法律整備が世界共通の確認事項となりました。この問題については決定的に取り組みが立ち遅れている日本の社会においても、緊急かつ具体的な施策の展開が求められています。私たちは、暴力被害にあった女性と子どもに対する支援活動を通して、この問題への適切な対策の必要性と方法を提案してきた民間団体の連合体です。本大会を機に、国及び地方自治体が、実効性のある対策を打ち立てられるよう、下記の要請を致します。

Ⅰ．「女性に対する暴力防止法」の早期制定を実現する。

Ⅱ．「女性に対する暴力防止法」には、以下の点を明記する。

1．女性に対する暴力は、公的領域で起こるか、私的領域で起こるかを問わず、犯罪であることを明確に規定する。

2．国及び地方自治体は、被害を受けた女性や子どもの安全を守る体制を整備する。

3．国及び地方自治体は、この問題にかかわる専門家の通報義務を明らかにする。

4．被害当事者の安全確保のため、裁判所は迅速な手続きによる保護命令を通達する。

5．女性に対する暴力が犯罪であることの社会的認識を徹底させるために、教育・啓発・広報活動を行い、暴力防止の対策を具体化する。

6．女性に対する暴力の防止及び被害者支援のための公益的活動をすすめている民間団体に対して、財政支出を含む公的支援策の充実を図る。

Ⅲ．具体的に以下の施策を実行する。

1．「女性への暴力防止危機センター」を設置する。

これまで女性への暴力防止にかかわる総合的対策機関がなかったため、暴力被害に苦しむ当事者は、誰に相談すればよいのか、どこへ逃げ込めば助かるのか、どんな行政による支援が利用できるのか、等の情報すら手にすることができず、生命の危険に脅えながら日々を耐え忍んできた。暴力の果てに命を奪われた女性や子どもは数知れない。被害者の安全を確保し、人権を回復するための第一次対応機関として、国立・公立の「女性への暴力防止危機センター」を開設する。そして、このセンターは以下の機能を持つものとする。また、センターの設立及び運営には、その企画・立案の段階から関係する民間団体の代表が参画する開かれた機関でなければならない。

①センターは二四時間体制として機能させること。

②被害当事者が、一一〇番通報等により安全な場の確保を求めるときは、対応する警官がセンターまで同行するものとする。

③センターには、被害当事者自らが保護を求め逃げ込むことができる。

④センターは被害当事者の人権回復のための第一次処遇機関として、被害者に安全確保、法的権利、社会制度利用等に関する情報を提供し、被害者の意志にそった支援活動を行い、必要な公的または民間の機関に紹介を行う。

2. 被害者及び関係支援者の安全を守り、暴力が許されない行為であることを明確にするため、加害者に対して必要な措置を講ずる。

①加害者による暴力に対して緊急逮捕等の措置を講ずる。

②暴力の程度に応じて加害者に必要な処罰を行う。
③加害者の追跡等、被害者の安全を脅かす行為に対する必要な措置を講ずる。
④加害者が暴力によらない人間関係を築くための再教育プログラムを開発し実施する。

3．被害者が被った心的外傷からの回復のための体制を整える。暴力被害による心的外傷からの回復のための場所とプログラムと人材を確保する。この手立てを欠いては、被害者保護は充分な実効性を持たない。

4．被害者が自尊心をもって社会生活に復帰できるよう、支援体制を整える。
①住宅や就労など生活の場の確保と経済的自立支援策。
②離婚調停と裁判にかかわる制度の見直し。
③加害者の子どもへの面接交渉権一時停止等の措置。
④生活保護行政の見直し、健康保険など世帯単位となっている社会保障制度の見直し。

5．公的機関と、公益的活動を行っている民間団体が協力して、関係機関職員の教育・研修を実施する。また、女性への暴力防止キャンペーン等の広報活動を実施する。

2000年6月25日

全国女性シェルターネット2000年東京大会全体会参加者一同

5　命を守る法律を

「被害者の人権を守るＤＶ防止法を！ ―サバイバーは発言する」　２０００年１２月８日

東京大会から四日後の２０００年６月２９日には、共生調査会「女性に対する暴力プロジェクト・チーム」の仲介により、「全国女性シェルターネット」のメンバーが衆参の国会議員に、東京大会で決議された要望書を手渡すことができた。

その後、２０００年の１１月頃になり、「保護命令条項は難しそうだ」という一報が入ってきた。「全国女性シェルターネット」に呼びかける猶予もないと判断した私は、「ＡＫＫ女性シェルター」運営委員会単独の主催でイベントを企画、１２月８日に東京ウィメンズプラザのホールで開催した。そのタイトルは「被害者の人権を守るＤＶ防止法を！ ―サバイバーは発言する」（資料⑩次ページ）である。

登壇者は次の五名である。

・堂本暁子さん（参議院議員・超党派女性議員による「女性に対する暴力防止法」制定プロジェクト・チーム・メンバー）
・原ひろ子さん（放送大学教授）
・川島志保さん（弁護士）

被害者の人権をまもるDV防止法を！

ドメスティック・バイオレンス防止法が現実のものとなろうとしています。
この機会に、DVを体験してきたサバイバーの立場、シェルターの現場から、
ぜひ法律に盛り込んで欲しい内容を訴えましょう！

「サバイバーは発言する」

16 Days of Activism Against
Gender Violence
November 25－December 10

●

国際人権デーに向けて

16Days of Activism Against Gender Violence Campaign（ジェンダーに根ざした暴力撤廃に向けての16日間キャンペーン）はアメリカのNGO、Center for Women Global Leadershipが1991年に開始し、以来毎年、11月25日から12月10日まで、全世界の女性団体に呼びかけて行っているキャンペーンです。同センターは国際的に活躍するフェミニストのシャルロット・バンチさんが指導してきました。このキャンペーンには、これまで90カ国以上から800を越える団体が参加しています。12月10日は国際人権デーに当たります。

12月8日［金］午後6:30–8:30
東京ウィメンズプラザ・ホール

【出演者】堂本暁子　参議院議員・超党派女性議員による「女性に対する暴力防止法」制定プロジェクトチーム・メンバー
原ひろ子　放送大学教授
川島志保　弁護士
波田あい子　全国シェルター・ネット代表
BWGメンバー　DV被害女性の自助グループ

【主催】AWS女性シェルター
【参加費】1000円（当日会場にて支払い）
【定員】260人
【申込方法】FAX、電話、電子メールにて、お名前、電話番号を下記まで。保育希望の場合はお子さんの人数と年齢もご連絡下さい。
【FAX/電話】03-3828-1624
【電子メール】aws@bg7.so-net.ne.jp
【保育】予約制/先着10人/保育料500円
対象は2歳〜小学校低学年までのお子さん。親子席あり。

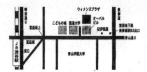

資料⑩　「被害者の人権を守るＤＶ防止法を！—サバイバーは発言する」のちらし

波田あい子（全国女性シェルターネット代表）
・ＢＷＧメンバー（ＤＶ被害女性の自助グループ）

当日、二六〇人収容の会場はほぼ埋まり、録音等記録を取ることも考えつかない状況であった。この会場で最も印象深く、会場の参加者にもインパクトを与えたであろうことは、「ＢＷＧ（Battered Woman Group）」のメンバーによる壇上でのＤＶ被害体験談であったと思う。壇上に並べられスポットライトの当たる五つの椅子に、それぞれ被害体験を持つ女性が座り、文字通り命がけで暴力から逃れてシェルターにたどり着き、そして自分を取り戻していくまでの体験が語られた。この実際の体験の語りには何よりも、日本に「ＤＶ防止法」、そして命を守るための保護命令の必要を訴える力があった。

年が明け、２００１年の１月中旬から下旬頃であったと記憶するが、私、波田（全国女性シェルターネット代表）、平川さん（東京大会実行委員長）、近藤さん（三〇〇人アンケート調査実施責任者）の三名が参議院議員会館応接室において、堂本議員同席の下、参議院法制局担当者に、東京大会において決議された前掲の「「女性に対する暴力の根絶をめざして」に関する要望書」について説明し、手渡した。

２００１年４月１３日に法律公布。「配偶者からの暴力防止及び被害者の保護に関する法律」（通称「ＤＶ防止法」）が、曲がりなりにも「保護命令」条項を持つ法律として成立したのである。

◆コラム◆

Ⅲ章の著者　波田あい子さんに聞く「当事者の話に突き動かされて」

◆なぜ、シェルター活動を始められたのですか?

本書にも書かれていますが、斎藤学先生に声をかけられてＤＶ被害に遭った女性たちから話を聞いたことが、シェルター開設運動、その後の全国シェルターネットの立上げから、ＤＶ防止法制定に向けた一連の活動の原動力になりました。

ある女性は何年も前の被害を克明に私に話してくれました。彼女が経験した恐怖、悔しさ、怒りのすべてが私の中に入ってくる感覚がありました。その後も当事者女性の声を聞き続けました。「こんな世の中に私は住んでいるんだ。こんなことが起きる世の中はおかしい」。話をしてくれた女性たちの経験に動かされ、活動してきました。

◆フェミニズムとの出会いや視点についてお聞かせください。

当事者女性の経験を知れば、自然とフェミニズムの考え方や、フェミニストの視点が必要となるはずです。私は九州で中高生時代を過ごしましたが、振り返ればその頃から「ひとりフェミニスト」でした。高校の弁論大会で「男女平等」をテーマにしたスピーチをして賞を取ったこともあるんですよ。家庭では七人きょうだいの末っ子、「女の子らしく」という抑圧もなければ、「こうなりなさい」という縛りもなく自由でした。けれども、周りを見渡しても、こうなりたいなと思うようなロールモデルも見当たらず、男子生徒は入試のために勉強をがんばっていましたが、自分はどうしたらいいのかわからない、これから「女性」として、どう生きていけるんだろうと不安を抱えていました。

◆シェルター活動や全国ネット化、DV防止法制定へと動いた当時を振り返って思うことをお聞かせください。

シェルターを開設した当初、今思えばとても緊張していましたし、実は怖かったんですね。加害男性が来たらどうしようなんて不安もありました。私は実際に暴力被害を経験してないので、想像するばかりで恐怖は広がっていきます。そんな時、ふと考えると経験している当事者女性たちが一緒です。「そうだ。彼女たちがいれば。体験者だから大丈夫」と思ったのです。彼女たちが私に安心をくれたんですね。

良いのか悪いのか、仕事でも活動でも忖度はできませんでした。けれども、全国に散らばるシェルターをネットワーク化したときのあのスムーズさには、アツイ熱ではなくフワッとしたあったかい熱がありました。フェミニストのシスターフッドは私にとってのシェルターだったんです。なくてはならない場所だった。孤独に闘ってきた女性たちにとっても、シスターフッドが紡ぐ世界は大切な居場所になったと思います。
シェルターを作る、全国でつながる、なかった法律を作る、そんなことをたたみかけるようにできたのは、体験を共有したから。今の時代は「つながる」ことが難しいかも知れませんが、どんな形であれ、孤独な戦いではなく、つながり、居心地のよい安全な自分の〈シェルター〉をみつけてほしいです。

2023年1月

(インタビュアー・伯野 朋絵)

注

(1)『ニューズレターNo.1 女性への暴力・かけこみシェルター・ネットワーキング』一九九七年七月七日
(2)東京都生活文化局『「女性に対する暴力」調査報告書』一九九八年
(3)波田あい子「東京都「女性に対する暴力」調査はなにを明らかにしたか」『アディクションと家族』第一五巻三号、一九九八年
(4)堂本暁子『堂本暁子のDV施策最前線』新水社、二〇〇三年、一四五頁

Ⅳ章

エンパワーメントで読み解く「ＡＫＫ女性シェルター」の活動展開

内藤　和美

前章までに記したように、「ＡＫＫ女性シェルター」は、１９９３年から一一年間にわたって、日本で初めて、当事者主導のシェルター運営を行った。シェルター閉所後は、電話相談、自助グループ・ミーティング、学習事業等の活動を継続しつつ、ＤＶ民間シェルターの全国ネットワーク化（１９９７年）と、「ＤＶ防止法」制定に向けたネットワークの活動（２０００年〜２００１年）において主要な役割を果たした。Ⅳ章では、「ＡＫＫ女性シェルター」のこうした活動展開を、主体を創るエンパワーメントという概念を用いて読み解き、これを本書に書き記す意味を明らかにしたい。

１　エンパワーメントの展開過程―個々人の力の回復から社会変革へ

エンパワーメントは、「人とその人の環境との間の関係性の質に焦点をあて、所与の環境を改善する力を高め、自分たちの生活のあり方をコントロールし、自己決定できるように支援し、かつそれを可能にする公正な社会を目指す過程」(2)、あるいは「歴史的・構造的に弱い立場に置かれてきた人々が、開発・発揮を阻まれてきた主体的な力を回復（power-within）・開発・発揮（power-to）し、連帯・協働して（power-with）、社会を変革していくプロセス」を意味する。個々人の力の回復―個々人のつながり、力と力の共鳴―社会の変革、という広がりの含意がこの概念の核心・真価である(1)(3)(4)。

女性のエンパワーメントについては、Sara Longweが１９８８年に開発した「五段階の女性のエンパワーメント・フレームワーク」（Longwe Framework for Gender Analysis）が知られている。

1．福祉　女性が、収入、食料・栄養、住居等、基本的ニーズの充足において男性と同等に扱われていない場合、女性のそれら基本的ニーズに応える。

2．アクセス　女性が、男性に比べて不利であった、土地、教育、労働、市場、時間等資源へのアクセスを増強する。

3．意識向上　女性が、男性に比べて地位や福祉の面で不平等に扱われていることに気づき、それが自分の能力や努力、組織の問題ではなく、社会構造上の差別が原因であること、女性自身がその歪んだ構造を支持する役割を担っていることもあることを認識する。

4．参加　女性たちが力を合わせて性差別の構造を解明し、撤廃に向けて行動を起こす。

5．コントロール　男女が平等に意思決定に関わり、資源にアクセスできるようになる。男女の力は均衡し、男女どちらも、相手を支配するものではない状態(4)。

Longweの「五段階の女性のエンパワーメント・フレームワーク」を、「個々人の力の回復―個々人のつながり、力と力の共鳴―社会の変革」というエンパワーメントの展開過程に重ね合わせてみると、Longweの1．福祉、2．アクセス、3．意識向上は、「個々人の力の回復」における課題、4．参加は「個々人のつながり、力と力の共鳴」、5．コントロールは、「社会の変革」に対応する。

こうして社会的実践から概念化・理論化されたエンパワーメントには、「その動機がいかにラディカルな善意に支えられていようと、その効果は常に政治的である。誰がエンパワーメントされる人間なのかという定義は、西洋的・自由主義的価値に基づいて定位されたものである」と、する／されるの暴力性を孕み得ることが指摘されることもある(2)。そうした陥穽には意を払う必要がある。

個々人の力の回復

エンパワーメントの第一プロセスは、「歴史的・構造的に弱い立場に置かれてきた人々の、開発・発揮を阻まれてきた主体的な力の回復・開発・発揮」という個人レベルの変化である。回復される力は、自尊心、自信、自己決定能力等精神的な力から、経済的・社会的・法的・政治的な力までを含む(1)(4)。

抑圧された環境下で否定的な評価を受け続けることによって、「力の欠乏状態」すなわち、知識、技能等能力を開発し、社会的に発揮することが十分できない立場に置かれている人々の力の回復〈power-within〉は、何もなしに自動的には起こり得ない。まず、否定的な外的圧力のもとで萎縮した自己像が改善・拡大していく契機が必要である(4)。自己像、すなわち、自分がどのような人間であるかについての認識が委縮したままでは、自分を信じること、それをもとに、自己決定し、問題解決行動を起こすことは難しい。自己像を良い方向に変化させる契機となるのは、自己肯定感の向上につながる、他者から肯定される経験、自己効力感や自信を生む達成の経験等ではないだろうか。他者から肯定される経験には、尊重されること、理解されること、信頼されること、愛されること、評価されること、気遣われること等があるだろう。

個々人のつながり、力と力の共鳴

エンパワーメントの第二プロセスは、取り戻された個々人の力が発揮され〈power-to〉共鳴し合う〈power-with〉、いわば点から面へ、個人の問題から公共問題への展開過程である。国際関係・文化間コミュニケーションとエンパワーメントに詳しい久保田が「力の欠乏状態」から脱する過程では、「人々の内面にある力が他者との関係性によって引き出される」と述べているように(4)、前項で記した個々人の主体的な力の回復自体、多分に、他者からの肯定等、人との関係が可能にするものである。そうして回復された個々人の力はさらに、「一緒に何かをすることにより生み出される力、すなわち個人の力を総和した力以上の力」を生む(4)。これは、協同や連携より積極的な「複数の異なる主体が、共通の目的の下に対等な関係を形成し、それぞれが持つ資源を提供し合うことによって、別々に単独で行うよりもよい成果（生産）を可能にする」(3)(5)意の概念として提唱され使われるようになった「協働」co-production に通じる。

社会の変革

ある問題が個人的な問題とされる限り、たとえさまざまな条件や状況が揃って運よく解決したとしても、早晩当人または他の人に同様の問題が起こる。女性に対する暴力、女性の貧困、責任ある立場の男性偏在然り。なぜなら、社会的存在である私たち個々人の人生に起こる出来事のほとんどは、個人的・状況的要因と共に、社会構造に起因する面があり、いわば製造装置である社会構造が変わらないからである。個人の問題（わたし）が公共問題（われわれ）に転換され、公共問題として取り組まれてはじめて、社会構造の変革を伴う真の解決を展望し得る。個々人のつながり、力と力の共鳴から社会の変革へというエンパワーメントの第三プロセスは、このことを指している。

2 「ＡＫＫ女性シェルター」の活動展開にみるエンパワーメント

「ＡＫＫ女性シェルター」の活動を、前節で整理したエンパワーメントのプロセスと照合してみる。

個々人の力の回復

「ＡＫＫ女性シェルター」の活動の他にない特徴のひとつは、緊急一時保護機能に加え、自助グループ活動等のプログラムへの導入による初期の回復支援機能を含むシェルター活動を行ったことであった。

Ⅱ章に記したように、「ＡＫＫ女性シェルター」では、利用者に、長期にわたる暴力による心の傷について学ぶことの必要性や、それを癒して回復することが新しい人生を歩む力となることを伝え、ネットワーク資源を活用した種々の回復支援プログラムへの参加を勧奨した。回復支援プログラムは主に種々の自助グループ活動であり、利用者は、そこで尊重されたり、話を聴かれたり、理解されたり、気遣いやねぎらいや励ましを受けたり、評価されたり、すなわち肯定される経験を積み、他者に伝えることで自分の感情や認識を明確にする（うまくいかないこともあることは言うまでもない）。

そして、先輩である当事者スタッフとの出会いや、同じ経験をした女性たちとの共同生活を通じた「ピア・サポート」、「セルフヘルプの集団力動」の作用を意識したシェルター運営が行われた。これらを通じて、利用者が、暴力被害を不当だと思ったことは当然だったことを確信し、人権を踏みにじられていたことを認識し、暴力による心の傷について学んで自分のそれに気づき、心の傷を手当すること等が目指されたのだった。

利用者に何が必要か身をもって知る被害当事者と、心理・医療・看護・法律・行政・市民それぞれの分野で支援の実績を積んできた専門家からなるチームだからこそ構想し得たものであったと考えられるこうした活動は、個々の利用者が、暴力という、他者からの明確な否定的対応を受け続けたことによる「力の欠如状態」を脱し、開発・発揮を阻まれてきた主体的な力を取り戻すことの支援―エンパワーメントの第一過程に当たる。「ＡＫＫ女性シェルター」の活動は、〈エンパワーメント・シェルター〉と言うべきものであった。

個々人のつながり、力と力の共鳴

「ＡＫＫ女性シェルター」の活動の当時他にはなかったもうひとつの特徴は、ＤＶ被害当事者の女性たちが中心となり、問題意識を共有する専門職等と共に設立・運営したことである。

「ＡＫＫは今、バタード・ワイフ、バタード・ウーマンのためのシェルター（避難所）の開設を進めています」「九年前、私も一人のバタード・ワイフとして原宿相談室を訪れました。夫の暴力に脅えながら、夫を捨てて家を出ることに罪悪感を持ち、子どもを私たちの関係に巻き込みながら、それ以外の生活を知らずに生きていました。あのころの私が必要としていたのが安全なシェルター（避難所）です。」「私自身は大勢の人の助けによって自分で自分のシェルターを見つけ、新しい生き方にたどりつく幸運に恵まれました。でもそれができずに、バタード・ウーマンとして生き続けている人の何と多いことでしょう。現在の私は、ＡＫＫにかかわっているおかげで、そのことを知っています。私はかつての私が必要としていたものを作らねばと思います」

設立を主導した野本さんのこの発言において、私の問題は、全くの私的問題ではなく社会構造に根差す問題でもあるという認識を経て、公共問題に転換され、ひとりでは対峙し得ない公共問題に力を合わせて挑むことが発意されている。取り戻された個々人の力が発揮され〈power-to〉共鳴し合う〈power-with〉、エンパワーメントの第二プロセスの活動である。

社会の変革

Ⅲ章に記したように、1997年2月に開催された「第四回AKK女性シェルター活動報告会＋ジョイント・シンポジウム」を契機に、1980年代から1990年代に札幌、新潟、栃木、東京、横浜、名古屋、大阪等各地で開設、活動を開始した民間シェルターがつながり、同年6月には「女性への暴力・かけこみシェルター・ネットワーキング」（現NPO法人全国女性シェルターネット、以下シェルターネット）が発足した。以後、翌1998年の第一回札幌大会から主催を持ち回りで毎年全国大会を開催して課題を共有し、情報・議論を交わし、成果をアピールや要望書にまとめて発し、国会に声を届け、「DV防止法」制定に影響を与えたのだった。個々の力が響き合い、「個人の力を総和した力以上の力」となって社会の変革につながる―エンパワーメントの第二プロセスから第三プロセスへの展開である。

この過程について、「女のスペース・おん」の活動を主導し、「DV防止法」制定に係るシェルターネットの活動で中心的な役割を担ったひとりである近藤さんは、「当事者を生き延びさせるために、シェルターがつながることは必然でした」、「集まること、ネットワークを作ること、法制定の運動にとりかかることというのは、ひとつのことでした」と話し、ネットワーク設立が1997年であったのは、「北京の風が日本のシェルター運動を突き動かしたのかもしれない」と、そして、「DV防止法」制定に関わる活動を振り返り、「国の立法過程を当事者の声、支援者の声、一人ひとりの女性の声が動かしていくというのはこういうことなんだ」、「これが正しい立法過程だと思いました」(6)と述べている。エンパワーメントの第一過程から第二過程、第三過程への、ミクロ／個人から、〈われわれ〉を介したマクロ／社会への展開は必然なのである。

利用者の力の回復を重視したエンパワーメント・シェルターたる活動、民間シェルターのネットワーク化、ネットワークの力を法制度の創設へ―「AKK女性シェルター」の活動展開は、必然のエンパワーメント・プロセスの体現だったと解される。

3 「エンパワーメント・シェルター」を未来につなぐ

「AKK女性シェルター」と相前後して開設された暴力被害女性のための民間シェルターのうち、「女のスペース・おん」、「女のスペース・にいがた」、「ウィメンズハウスとちぎ」、「FTCシェルター」、「かながわ女のスペースみずら」、「かけこみ女性センターあいち」、「かけこみシェルタースペースえんじょ」、「ウィメンズネット・こうべ」、また、野本さんが立ち上げた「女性ネットSaya-Saya」等は、その後多くがNPO法人となって活動を続け、蓄積された経験を血肉に、支援活動を充実深化させている。シェルターネットは、2003年にNPO法人となり(7)、1998年の札幌大会をもって始まった全国の民間シェルターの交流と連携の場、「全国シェルターシンポジウム」は2022年には二五回を重ねた(8)。

一方、前節で、初期の回復支援機能を重視したシェルター活動、シェルター間のネットワーク作り、そして法制定への関与というその活動展開を「エンパワーメント・シェルター」と読み解いた「AKK女性シェルター」は2004年に発展的に解消された。しかし、「AKK女性シェルター」が体現したエンパワーメント・シェルターとしての機能は、今後の暴力被害女性支援の取組に継承され活かされることが期待される。

折しも2022年5月19日、「困難な問題を抱える女性への支援に関する法律」（以下、女性支援法）(10)が成立した（2024年4月1日施行）。これまで女性支援を担ってきたのは、売春防止法（1956年）に、「性行又は環境に照らして売春を行うおそれのある女子」（要保護女子）の「保護更生」を目的に規定され、婦人相談員・婦人相談所・婦人保護施設、三機関の機能からなる「婦人保護事業」であった。「更生」とは、「立ち直ること。好ましくない生活態度が改まること」(9)とされる。婦人保護事業は、法制度上、「要保護女子」を対象とする点、及び、「保護更生」を目的とする点で大きな限界があった。現実には、DV・性暴力・人身取引等の被害、予期せぬ妊娠・出産、貧困、孤立等々、女性たちの困難・支援ニーズは、売買春に限られず多様でしばしば複合的である。また、女性たちに必要な支援は、「保護更生」でない。

これに対して「女性支援法」は、

・困難な問題を抱える女性それぞれの意思が尊重され、最適な支援を受けられるよう多様な支援を包括的に提供する体制を整備すること
・関係機関と民間の団体の協働により、切れ目ない支援を行うこと
・人権を擁護し、男女平等の実現に資すること

を基本理念としている。要保護女子の保護更生のための制度であった婦人保護事業は、人権擁護と男

女平等実現のための、当事者中心の女性福祉の制度へと転換され、売春防止法の婦人保護事業の三機関は「女性相談支援員」、「女性相談支援センター」、「女性自立支援施設」として再編される。「女性支援法」の成立によって、売春防止法第四条「保護更生」は廃止される[10][11]。

新法のもと、女性相談支援センターが所掌して、多様な資源を駆使し、関係機関・民間団体と連携して、困難な問題を抱える女性一人ひとりに最適な包括的支援を行うことが目指される。民間シェルターは、これまで以上に、切れ目のない包括的支援の重要な担い手の一角として力を発揮し、民間ならではの活動を通じて、公的制度ではカバーされ難いニーズに応えていくことが期待される。

「AKK女性シェルター」で行われた、当事者主導の自助グループへの参加等による初期の回復支援機能を重視したシェルター活動、母子並行プログラム等の実践は、こうした女性支援の新たな枠組みのもとで、再評価され、活かされ、発展させられていくに値する。

注

(1)久保田真弓、久保田賢一「エンパワーメントとジェンダー計画」『ジェンダー研究の現在―その多様性と可能性―』一九九八年、一一一四頁

(2)鈴木ちひろ「エンパワメント及びセルフエンパワメントとオートエスノグラフィーについての一考察」『社会問題研究七一』二〇二二年、一一三―一二七頁

(3)福島県男女共生センター（受託研究者内藤和美）「女性関連施設事業系熟練職員の実践の分析―発揮されている能力と環境要因」『平成一九・二〇年度公募研究成果報告書』二〇〇九年

(4)久保田真弓「エンパワーメントに見るジェンダー平等と公正―対話の実現に向けて―」『国立女性教育会館研究紀要』Vol.9、二〇〇五年、二七―三八頁

(5)横浜市市民局市民協働推進部・横浜市市民活動支援センター運営団体（認定ＮＰＯ法人市民セクターよこはま）『改訂版 Let's 協働入門』二〇一七年

(6)近藤恵子インタビュー記録二〇二一年一一月七日

(7)ＮＰＯ法人全国女性シェルターネット法人概要
https://nwsnet.or.jp/ja/about-shelternet-jpjp/corporateoutline.html

(8)ＮＰＯ法人全国女性シェルターネット第二五回全国シェルターシンポジウム二〇二二ｉｎ釧路
https://nwsnet.or.jp/ja/86-ja-jp/operations-jp/sheltersympo-jp/syimpguidejp/178-25-2022in-9.html

(9)小学館『デジタル大辞泉』

https://kotobank.jp/word/更生-495977

⑽堀千鶴子「困難な問題を抱える女性への支援—「保護更生」から「人権擁護」へ」『月刊 We learn』Vol.824、二〇二三年、四—七頁

⑾戒能民江・堀千鶴子『婦人保護事業から女性支援法へ—困難に直面する女性を支える』信山社、二〇二〇年

資料「AKK女性シェルター」関係年表

年	月	AKK女性シェルター/AWS	シェルターのネットワーク化	DV防止法制定・運用への関与
1986	2	アルコール問題を考える会(AKK)設立(のちに「アディクション問題を考える会」に改名)		
1987〜1991		斎藤学医師主宰のCIAP原宿相談室グループミーティングやAKK例会で、アルコール依存の男性パートナーからの暴力被害当事者の女性たちが出会う		
1992		当事者メンバーを中心にシェルターの開設準備開始		
1993	4	AKK女性シェルター開設 ・運営:AKK女性シェルター運営委員会 ・活動:DV被害者の保護、セルフヘルプグループ、個別相談、法律相談、連続講座、冊子等発行		
1994	2	「AKK女性シェルターだより」創刊		
	6	アメリカカリフォルニア州のシェルター見学研修(運営委員3名)		
1995	4	AKK女性シェルター運営委員会『暴力の関係に悩むあなたへ〜暴力被害女性を支援するために〜』刊行		
1996	9	シェルター移転		
	12	ステップハウス開設		
1997	2		第4回AKKシェルター報告会・ジョイント・シンポジウム「日本の女達のシェルタームーブメント」開催 主催:AKK女性シェルター ジョイント:ウィメンズネットこうべ ウィメンズ・ハウス(栃木) FTCシェルター(東京) 女のスペース"おん"(札幌) 女のスペース・にいがた かけこみ女性センターあいち スペース・えんじょ(大阪)	
	6		「女性への暴力・駆け込みシェルターネットワーキング」設立(代表:波田あい子) 第1回会議開催 参加団体: AKKシェルター ウィメンズハウス・とちぎ FTCシェルター 女のスペース・おん 女のスペース・にいがた かけこみ・あいち 女性の家サーラー 女性の家HELP スペース・えんじょ ミカエラ寮	
	7	第2ステップハウス開設		
	9	事務所開設		

1998	6		女性への暴力 駆け込みシェルターネットワーキング札幌シンポジウム「拡がれ!シェルター・ムーブメント」開催	
	8			参議院に、共生社会に関する調査会「女性に対する暴力に関するプロジェクトチーム」発足
1999	4	「AKK女性シェルター」を「AWS(Abused Women's Shelter)」に改称		女性への暴力 駆け込みシェルターネットワーキング共生社会に関する調査会「女性に対する暴力に関するプロジェクトチーム」への働きかけ開始
	6		「女性への暴力・駆けこみシェルターネットワーキング」を「全国女性シェルターネット」に改称	
	6		全国シェルター・シンポジウムinにいがた「ストップ!女性・子どもへの暴力」開催	➡分科会②「法 システムの活用と課題そ して『暴力禁止法』」開催 ➡「ストップ!女性・子どもへの暴力 全国シェルター・シンポジウムinにいがた アピール」決議
	12	ステップハウス一旦閉鎖		
	12	「AWS女性シェルターたより」(13号)への「自助グループたより ようこそ、『ムーンストーン』へ」連載開始		
	12			女性への暴力 駆け込みシェルターネットワーキング「ドメスティック・バイオレンス防止法をつくろう!現場からのアンケート」実施(~2000.3)
2000	5			参議院共生社会に関する調査会勉強会「DVの現場から」に全国女性シェルターネットメンバー招聘
	6		全国女性シェルターネット2000年東京フォーラム「わたしの生はわたしのもの 女性と子どもに対する暴力の根絶をめざして」開催	➡分科会「私たちのほしいDV法 三〇〇人アンケート」開催 ➡「女性と子どもに対する暴力の根絶をめざして」請願決議 ➡「『女性に対する暴力の根絶をめざして』に関する要望書」決議
				AWS女性シェルター「被害者の人権をまもるDV防止法を!『サバイバーは発言する』」開催
2001	2			参議院共生社会に関する調査会「DV防止法の意見交換会」に全国女性シェルターネットメンバー招聘
	3	事務所移転		
	4			「配偶者からの暴力の防止及び被害者の保護等に関する法律」制定・公布
	6		全国シェルター・シンポジウムin旭川「DVのない地域を作っていこう」開催	➡「配偶者からの暴力の防止及び被害者の保護に関する法律の実効性ある運用を求める要望書」決議
	10			「配偶者からの暴力の防止及び被害者の保護等に関する法律」施行

2002	2	ムーンストーン主催/AWS女性シェルター共催「民間シェルターは発信する」開催		
	6		全国シェルターシンポジウム2002大阪「あかん!女性・子どもへの暴力～みんなで活かそうDV防止法～」開催	➡パネルディスカッション「使いこなそう!DV防止法民間と行政のパートナーシップ～」開催 ➡分科会①「DV防止法の3年後の見直しに向けて」開催
	7	AWS「2002年加藤シヅエ賞」受賞		
2003	11		全国シェルターシンポジウム石川2003「DVのないまちづくりをめざして～市民と自治体の協働(コラボレーション)～」開催	
	12			東京民間シェルター連絡会「DV法改正全国大会」開催
2004	1			参議院共生社会に関する調査会「DV法改正意見交換会」に全国女性シェルターネットメンバー招聘
	4	AWS女性シェルター閉鎖 ・自助グループ、電話相談、情報提供、学習機会提供は継続		
	6			「改正配偶者からの暴力の防止及び被害者の保護等に関する法律」制定・公布
	10		全国シェルターシンポジウム鳥取2004「なくそう暴力!協働で変わる社会」開催	
2005	6		全国シェルターシンポジウム愛知2005「DVを許さない!理解・行動・勇気～暴力のない社会をめざして～」開催	
	12			「改正配偶者からの暴力の防止及び被害者の保護等に関する法律」施行

おわりに

1990年代のこと。女性たちが女性たちのためのシェルターを立ち上げるという運動がこの日本に起こりました。志を同じくする全国各地の仲間たちは、互いの絆を求め、瞬く間に「全国女性シェルターネット」という名の組織を作り上げました。それは、なんとしても被害女性を守るためには法律、日本に「DV防止法」を早急に成立させねばならないという共通の思いからでした。

この本ではそれらの経緯、時代背景、当時の記録、シェルターがエンパワーメント機能を備えている必要性などを三人の著者がそれぞれの立ち位置から書いています。

二回りほども若いこの本の編集者・伯野朋絵さんに〈なぜ、そんなことができたのか〉と問われ――なぜだったのか、考え込んでしまいます。あっという間に思いが拡がり、トラブルもなく批判もされず（男性からも）、シェルター活動が大きなムーブメントになりえたこと、今思えば不思議です。日本の1990年代にはそんな女たちの共通感覚、シスターフッドが息づいていたのでしょう。

私が「AKKシェルター」の資料を持っているよ、と言った時、当の私より熱心に、貴重な資料だと、これは残しておきたいと、本書の刊行に動いた亀田温子さん、これからの支援にこれを生かさねばとエンパワーメントの視点から力強く執筆した内藤和美さん。本当に心強くシスターフッドのあたたかさに包まれました。

「ＡＫＫシェルター」が開設されたのは、今からちょうど三〇年前。現在、２０２３年、来年には女性支援法が施行されます。きっとあちこちでシスターフッドの輪が広がることを願って――。

２０２３年5月

波田　あい子

謝辞

本書の作成・刊行にあたり、インタビューに応じてくださった波多野律子さん、納米恵美子さん、三井富美代さん、斎藤学さん、近藤恵子さん、情報・資料を提供くださった西澤眞知さん、公益財団法人日本キリスト教婦人矯風会、編集を担ってくださった伯野朋絵さん、出版を実現してくださった株式会社かもがわ出版三井隆典会長に心より感謝いたします。

また、本書の執筆過程で、認定特定非営利活動法人ウイメンズ アクション ネットワーク（ＷＡＮ）第一二期「ＷＡＮ基金」の助成を受けました。記して謝意を表します。

著者プロフィール

波田 あい子（はだ あいこ）

1947年佐賀県生まれ。元東京都精神医学総合研究所研究員、元嬉野市女性・子ども家庭支援センター長。専門は臨床社会学、女性学。主著に、『女らしさの病 ―臨床精神医学と女性論』（共編、誠信書房、1986）、『シェルター ―女が暴力から逃れるために』（共編、青木書店、1998）、監訳『暴力男性の教育プログラム ―ドゥルース・モデル』（エレン・ペンス / マイケル・ペイマー編著、誠信書房、2004）など。

内藤 和美　（ないとう かずみ）

1957年神奈川県生まれ。お茶の水女子大学他非常勤講師、東京家庭裁判所立川支部調停委員、元群馬パース大学教授、元芝浦工業大学特任教授。東京大学で「児童虐待」をテーマに博士号を取得したことを契機にジェンダー研究に転じる。1990年代は、ドメスティック・バイオレンスの調査研究、2000年以降は、ジェンダー平等政策／行政を主題に活動してきた。主著に、『男女共同参画政策―行政評価と施設評価』（共編著、晃洋書房、2015）、『ケア　その思想と実践②　ケアすること』（共著、岩波書店、2008）、『女性学をまなぶ』（三一書房、1994）など。

亀田 温子（かめだ あつこ）

1950年東京都生まれ。十文字学園女子大学名誉教授。お茶の水女子大学で、教育とジェンダーをテーマに修士号と取得。1970・80年代に日本にもたらされたWomen's　Studies（女性学）、世界女性会議に強い影響をうけ、女性をエンパワーメントしない日本の学校教育の変革に向け研究・活動を行う。今回のテーマは、女性をエンパワーする社会システム作りの実践を次世代につなげることを目指した。主著に、『女性校長のキャリア形成』（共著、尚学社、2009）、『学校をジェンダー・フリーに』（共編著、明石書店、2000）、「問われる教育のエンパワーメント」『国際女性34号』（国際女性の地位協会、2020）など。

著　者

波田 あい子（はだ あいこ）

内藤 和美（ないとう かずみ）

亀田 温子（かめだ あつこ）

編　集

伯野 朋絵（はくの ともえ）

「ＡＫＫ女性シェルター」から「ＤＶ防止法」制定へ

——1990年代フェミニズム・当事者主体の女性運動記録

2023年7月6日　第一刷発行

著　者　© 波田 あい子

© 内藤 和美

© 亀田 温子

発行者　竹村 正治

発行所　株式会社かもがわ出版

〒602-8119　京都市上京区堀川通出水西入

TEL075-432-2868　FAX075-432-2869

振替 01010-5-12436

ホームページ http://www.kamogawa.co.jp

印　刷　シナノ書籍印刷株式会社

ISBN978-4-7803-1283-6　C0036